의사소통

김희동 · 이성희 공저

의사 COMMUNICATION 소통

동문사

머리말

관계는 개인 삶의 질을 결정하는 중요한 요소 중 하나이다. 인간은 태어나는 순간 가족과의 관계를 시작으로 점차 성장하여 학교, 직장 등 사회로 나아가며 다양한 활동을 통해 사람들과의 관계를 맺는다.

좋은 관계를 맺기 위해서는 다양한 기술이 필요하다. 이때 필요한 기술이 효율적 의사소통능력이다. 의사소통은 두 가지로 나뉜다. 첫 번째는 언어적 의사소통으로, 사람들과의 관계 속에서 자신이 가지고 있는 생각과 감정·정보 등을 말과 글로 표현하여 전달하는 방식이다. 두 번째는 비언어적 의사소통으로, 눈빛·표정·몸짓 등을 통해 자신의 의도나 감정을 전달하는 방식이다. 이러한 의사소통능력은 지역, 사회, 문화적 특성, 개인적 가치관 등 다양한 요인에 의해 영향을 받아 전달하는 방식에 있어 개인차를 보일 수 있다. 또한, 의사소통은 말하는 이와 듣는 이의 사이에서 상호작용하는 과정이며, 이 과정에서 내용 및 해석을 이해하고 받아들이는 정도에 따라 의미를 전달하는 방식이 달라진다.

이처럼 다양한 요소들이 복합적으로 얽혀있는 의사소통의 과정에서 원활한 의사소통능력을 갖추는 것은 사회적 상호작용을 통한 관계 구축과 정보 교환, 상호 이해를 가능하게 하는 핵심적 역량이기 때문에 우리의 일상생활에서 매우 중요하게 여겨진다.

의사소통능력은 일상생활이나 직장생활에서 문서 이해와 상대방의 말을 듣고 의미를 파악하여, 자신의 의도를 정확하게 표현할 수 있는 능력을 의미한다. 특히, 직장인들이 공통으로 지녀야 할 직업기초능력으로서 적절한 수준의 의사소통능력이 중요하다고 할 수 있다.

예를 들어, 기업에서는 다양한 분야와 역량을 가진 사람들이 모여 함께 일을 한다. 제품 개발팀에서 엔지니어, 디자이너, 마케팅 담당자 등이 함께 일을 하게 된다. 이들은 자신만의 전문 지식과 경험을 가지고 있지만, 공통의 목표를 이루기 위해서 서로 다른 전문 분야에 대한 정보와 아이디어를 효과적으로 공유하고 이해해야 한다. 이때 필요한 능력은 의사소통이다. 엔지니어는 제품의 기능적 측면에 대한 이해, 디자이너는 사용자 경험에 대한 통찰력, 마케팅 담당자는 시장 트렌드와 고객 선호에 대한 정보력을 가지고 있다. 이들이 자신의 전문 지식을 효과적으로 표현하고 아이디어와 의견을 상호작용 할 수 있는 능력이 뛰어나게 되면 효율적인 제품 개발이 가능하고 조직의 성과율이 올라간다.

그러나 의사소통능력이 부족할 경우 서로의 아이디어를 이해하지 못하거나 정보 공유가 이루어지지 않아 제품의 품질 저하, 프로젝트의 지연 초래 등등의 조직의 성과에도 부정적인 영향을 미칠 수 있다. 이처럼 의사소통능력은 개인의 일상생활에서부터 사회 활동에 이르기까지 개인 및 조직의 성공에 이르기까지 광범위한 영역에서 중요한 능력이 된다.

본 교재는 대학생들이 의사소통의 기본 원칙과 방법에 대한 이해를 바탕으로 학교, 직장, 사회 등에서 효율적인 의사소통을 실천할 수 있도록 설계하였다. 효율적인 의사소통능력 향상을 위해 의사소통능력, 문서이해능력, 문서작성능력, 경청능력, 질문능력, 의사표현능력으로 구분하고 NCS 및 다양한 사례들을 통해 의사소통 방법을 경험하고 적용하도록 구성하였다.

본 교재는 각각의 능력을 효과적으로 개발하고 실제 환경에서 적용하는데 도움이 될 수 있도록 다양한 실제 사례와 실용적인 의사소통 기법을 제공하며, 이를 통해 학습자들이 의사소통능력을 체계적으로 향상시키고 실생활에 적용할 수 있도록 하는 것을 목적으로 하고 있다. 따라서 본 교재를 통해 학습자들이 학교, 가정, 사회생활에서 관계를 맺는 사람들과 효율적인 의사소통으로 직무 만족 및 경력개발에 도움이 되길 기대한다.

2023년 8월

저자 일동

활용 안내

이 책은 국가직무능력표준지침을 참고하여 활용하였다. 의사소통능력은 기초직업능력으로서 문서를 정확하게 읽고, 상대방이 전달하고자 하는 말의 의미를 파악하여, 자신의 의사를 정확하게 표현하는 능력을 말한다.

• 구성

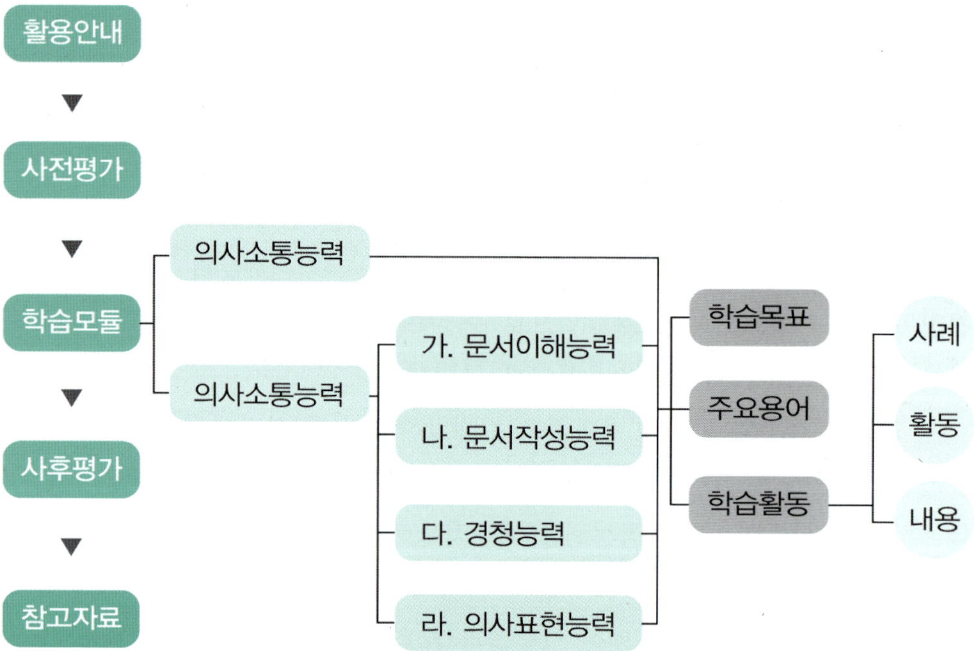

교재의 활용 안내는 NCS에서 규정한 의사소통능력에 대한 전체적인 개요와 구성을 설명하고 학습자에게 교재의 효과적인 활용 방법 및 학습 방법을 안내하는 역할을 한다. 의사소통의 교재는 크게 활용 안내, 사전 평가, 학습 모듈, 사후 평가, 참고 자료로 구성되었다.

사전 평가는 학습 모듈을 학습하기 전에 의사소통능력에 대한 학습자의 현재 수준을 진단하는 역할을 한다.

학습 모듈은 기초직업능력으로 의사소통능력에 대한 학습 모듈과 의사소통능력을 구성하는 각 하위능력에 대한 학습 모듈로 구성되어 있다. 각 학습 모듈은 학습 목표, 주요 용어, 미리 보기, 학습 내용, 학습 활동으로 구성되어 있다.

학습 목표에는 각 학습 모듈의 목표를 제시하였으며, 주요 용어에는 각 학습 모듈에 사용되는 중요한 용어(Keyword)가 제시되어 있다. 미리 보기에는 학습 내용의 중요성과 필요성을 인식할 수 있는 사례나 예시가 제시되어 있으며 본문의 내용과 활동을 예고하는 역할을 한다.

학습 내용에는 해당 학습 활동과 관련이 있는 지식 및 정보를 제시하였으며, 학습 활동은 사례 연구, 활동 등으로 구성되어 있다. 사례 연구에는 직업생활 중 해당 학습 활동과 관련된 다양한 사례를 통해 학습하고자 하는 토의 주제가 제시되어 있다. 활동에는 학습자 스스로 생각해 보고 자신의 의견을 정리해 볼 수 있는 다양한 활동들이 제시되어 있다.

사후 평가에는 모든 학습 모듈에 대한 학습을 마친 후 학습자들이 성취 수준을 평가하고 부족한 부분을 피드백 받을 수 있도록 체크리스트가 제시되어 있다. 마지막으로 참고 자료에는 학습자들이 학습에 도움을 줄 수 있는 참고 도서 및 인터넷 사이트가 제시되어 있다.

출처: ncs.go.kr의 직업기초능력.

사전 평가

• 체크리스트

다음은 모든 직장인에게 일반적으로 요구되는 의사소통능력 수준을 스스로 알아보는 체크리스트이다. 본인의 평소 행동을 잘 생각해 보고, 행동과 일치하는 것에 체크하시오.

	그렇지 않은 편이다	보통인 편이다	그런 편이다
1. 나는 의사소통능력의 종류를 설명할 수 있다.			
2. 나는 의사소통의 중요성을 설명할 수 있다.			
3. 나는 의사소통의 저해요인에 대하여 설명할 수 있다.			
4. 나는 효과적인 의사소통 개발 방법을 설명할 수 있다.			
5. 나는 문서이해의 개념 및 특성에 대하여 설명할 수 있다.			
6. 나는 문서이해의 중요성에 대하여 설명할 수 있다.			
7. 나는 문서이해의 구체적인 절차와 원리를 설명할 수 있다.			
8. 나는 문서를 통한 정보 획득 및 종합 방법을 설명할 수 있다.			
9. 나는 체계적인 문서작성의 개념 및 중요성을 설명할 수 있다.			
10. 나는 목적과 상황에 맞는 문서의 종류와 유형을 설명할 수 있다.			
11. 나는 문서작성의 구체적인 절차와 원리를 설명할 수 있다.			
12. 나는 문서작성에서 효과적인 시각적 표현과 연출 방법을 안다.			
13. 나는 경청의 개념 및 중요성을 설명할 수 있다.			
14. 나는 경청을 통해 상대방 의견의 핵심 내용을 파악할 수 있다.			
15. 나는 올바른 경청을 방해하는 요인들과 고쳐야 할 습관을 알고 있다.			
16. 나는 대상과 상황에 따른 경청법을 설명할 수 있다.			
17. 나는 정확한 의사표현의 중요성을 설명할 수 있다.			
18. 나는 원활한 의사표현의 방해요인을 알고, 관리할 수 있다.			
19. 나는 논리적이고 설득력 있는 의사표현의 기본요소 및 특성을 안다.			

• 평가 방법

체크리스트 문항별로 자신이 체크한 결과를 아래 표를 이용하여 해당되는 개수를 적어 보자.

문항	수준	개수	학습모듈	
1~4번	그렇지 않은 편이다.	( )개	의사소통능력	
	그저 그렇다.	( )개		
	그런 편이다.	( )개		
5~8번	그렇지 않은 편이다.	( )개	문서이해능력	
	그저 그렇다.	( )개		
	그런 편이다.	( )개		
9~12번	그렇지 않은 편이다.	( )개	문서작성능력	
	그저 그렇다.	( )개		
	그런 편이다.	( )개		
13~16번	그렇지 않은 편이다.	( )개	경청능력	
	그저 그렇다.	( )개		
	그런 편이다.	( )개		
17~19번	그렇지 않은 편이다.	( )개	의사표현능력	
	그저 그렇다.	( )개		
	그런 편이다.	( )개		

• 평가 결과

진단 방법에 따라 자신의 수준을 진단한 후, 한 문항이라도 '그렇지 않은 편이다'가 나오면 그 부분이 부족한 것으로 판단할 수 있으므로 제시된 학습 내용과 교재를 참조하여 해당하는 학습 내용을 재학습하시오.

출처: ncs.go.kr의 직업기초능력.

차례

01

PART

의사소통의 이해

CHAPTER 01

의사소통의 이해

일반목표

의사소통의 개념을 이해하고 중요성을 인식한다.

세부목표

1. 의사소통의 개념을 설명할 수 있다.
2. 의사소통의 중요성을 설명할 수 있다.
3. 의사소통의 요소와 목적을 알고, 설명할 수 있다.
4. 의사소통의 모델을 설명할 수 있다.

주요용어

의사소통의 개념, 의사소통의 요소, 의사소통의 목적, 의사소통의 모델, 의사소통의 기본자세, 의사소통의 과정

미리보기

"내년 고객 이벤트는 오스틴에서 열릴 예정이니 지금부터 준비를 해주세요."

상사가 이렇게 명령을 했습니다. '내년', '오스틴', '이벤트'. 이벤트 담당자로서 시간을 낭비하지 않고 바로 계획 수립에 들어갔습니다.

몇 달 후 경영진에게 계획을 발표했습니다. 누군가 슬라이드 첫 장에서부터 손을 들고 질문을 합니다. "장소가 왜 오스틴이죠? 저희 이벤트는 보스턴인데요."

침묵.. 당황스러움.. 어색함… 혼란.

소통의 오류로 결국 시간과 돈을 다 낭비한 것입니다.

400개 회사, 10만 명의 직원을 대상으로 실시한 잘못된 의사소통의 비용 설문에 따르면 부적절한 커뮤니케이션으로 인해 발생하는 연간 손실은 회사당 평균 6240만 달러였습니다.

무려 6240만 달러요. (우리 돈으로 707억 정도…!)

The Economist의 또 다른 연구 직장 내 커뮤니케이션 장벽에서 응답자의 44%가 커뮤니케이션 장벽이 프로젝트를 완료하지 못하거나 지연시키는 결과를 초래한다고 답했습니다. 또한 31%의 응답자가 의사소통이 원활하지 않아 사기가 저하되고, 25%가 성과 목표 미달, 18%가 매출 손실이 발생한다고 답했습니다.

간단히 말해서, 잘못된 의사소통은 조직, 팀 및 직원들에게 많은 부정적인 영향을 미치고 있습니다.

출처: 먼데이닷컴 한국 공식 블로그(2015.4.5.). 생산성, 협업 트렌드.

01 의사소통의 의미와 중요성

4차산업이 발달한 현대 사회에서는 다른 사람들의 의견을 경청하는 능력과 개인의 지식 보유량만큼이나 지식을 표현하는 능력을 중요시한다. 이는 단순히 자신이 알고 있는 정보의 양이 중요하지 않다는 것을 의미한다. 오히려, 정보를 효과적으로 전달하고 상대방의 의견을 존중하며 들어주는 능력이 더 중요해진 사회라 할 수 있다. 이에 따라 발표나 토론, 문서작성, 경청 등의 의사소통에 관련된 내용을 담은 서적이 수없이 출간되고 있다. 이처럼 현대에는 의사소통능력의 중요성이 강조되고 있으며, 의사소통이 원활하지 못하면 일상생활뿐만 아니라 다양한 사회생활에서 많은 어려움을 겪기도 한다. 이러한 어려움을 극복하고자 초기 성인학습자들에게 요구되는 역량은 많으나 실제 그러한 역량을 습득할 수 있는 제도적 여건이나 교육체계, 정서적 지원 등이 시스템화 되어 있지 않다. 따라서 이 시기에 현장과 학습의 괴리를 없애고 실제 필요한 의사소통능력을 학습하고 적용해 보는 과정이 진행된다면 조직 혹은 직장 내에 적응력을 높이고 업무 성과를 올릴 수 있다(김종윤, 김희동, 2019).

1) 의사소통의 의미

의사소통(communication)이란 '상호 공통점을 나누어 갖는다'라는 의미로 라틴어 '커뮤니스(communis)'라는 공통, 공유에서 나온 말이다. 이는 두 사람 또는 그 이상의 사람들 사이에서 일어나는 의사전달과 상호 교류가 이루어진다는 뜻이며, 개인 또는 집단이 각각의 정보, 감정, 사상, 의견 등을 전달하고 피드백하며 상호작용하는 과정이다. 즉, 의사소통은 각 조직 안에서 서로에게 영향을 주고 타인을 이해시켜 의식이나 태도, 행동 등의 변화를 가져오게 하는 일련의 행동이다. 예를 들면, 행동심리학자인 메라비언(Mehrabian)은 의사소통에서 신체적인 표현, 즉 드러나는 부분이 55%, 대화의 억양 38%, 대화의 내용 7%를 차지한다고 하였다. 이처럼 의사소통은 언어적 수단뿐만 아니라 비언어적 수단까지 포괄하는 개념으로 이해하여야 한다. 자기 생각과 느낌 및 사고, 감정 등을 효과적으로 표현하는 것과 타인의 생각과 느낌 및 사고, 감정 등을 이해하고자 하는 노력은 개인과 조직에서 핵심적인 요소가 된다. 이것은 상대방과 언어적, 비언어적 정보 교환에 있어 상호 간 전달하고자 하는 의미를 정확하게 전달할 수 있는 능력을 의미하기 때문이다. 따라서 직장생활에서 의사소통은 조직의 생산성을 높이고 사기를 진작시키며 정보 전달 및 설득의 목적이 두드러진다.

2) 의사소통의 중요성

현대 사회에서 대부분의 직장인들에게 원활한 사회적 관계를 유지하고 업무 성과를 높이기 위해서 최소한의 의사소통능력이 요구된다. 이에 현대인에게 의사소통이 중요한 이유는 다음과 같다.

첫째, 서로 무엇을 원하는지 파악하기 위해서이다. 우리는 서로가 무엇을 원하는지 말이나 행동으로 표현하지 않고서는 알 수 없고 이해하기 어렵다.

둘째, 서로가 필요로 하는 정보를 공유하고 설득하기 위해서이다. 정보를 잘 공유하는 사람들은 자신과 비슷한 상대방을 신뢰하고 그 사람이 설명하는 것에 설득되는 경우가 많다.

셋째, 서로의 문제를 해결하기 위해서이다. 사람들과 관계를 형성하다 보면 새로운 문제가 발생하기도 하는데 이때 해결하는 방법의 하나가 서로의 생각이나 느낌, 감정 등을 표현하는 것이다.

넷째, 서로에게 신뢰감을 주고, 더욱 친밀해지기 위해서이다. 마음을 여는 방법의 하나는 바로 자신의 이야기를 허심탄회하게 하는 것이다.

내가 먼저 내 이야기를 하게 되면 상대방도 자신의 이야기를 함으로써 서로를 좀 더 알게 되고, 신뢰감을 형성하게 된다. 이처럼 의사소통은 일상생활에서도 중요하다. 그렇다면 조직 내에서 의사소통은 얼마나 중요할까? 직장에서 상사나 동료 혹은 부하와의 사이에 작업상 의사소통이 이루어져 상호 간에 공감대가 필요하다. 이런 공감대를 통해 직장에서 팀 결속력은 높아지고 그로 인해 사기가 높아져 일의 능률이 향상될 수 있다. 따라서 직장 내에서 의사소통은 필요하다. 그러나 적절한 의사소통을 조직 내에서 형성한다는 것은 결코 쉬운 일이 아니다. 그 이유는 동일한 내용을 제시하더라도 조직 구성원들은 다양한 사회적 경험과 지위를 바탕으로 각기 다르게 받아들이고 반응하기 때문이다.

의사소통은 내가 상대방에게 메시지를 전달하는 과정이 아니라 상대방과의 상호작용을 통해 메시지를 다루는 과정이다. 따라서 성공적인 의사소통을 위해서는 내가 가진 정보를 상대방이 이해하기 쉽게 표현하는 것도 중요하지만 상대방이 어떻게 받아들일 것인가에 대한 고민도 바탕이 되어야 한다.

사회 생활에서 메시지를 보내는 역할과 메시지를 받는 역할 모두 중요하다. 모든 상호작용이 더 큰 목표나 결과에 연결되어 있기 때문에 이 두 역할을 모두 정확하게 수행해야 한다. 따라서 자신의 메시지를 상대방이 정확하게 이해할 수 있도록 전달하는 방법과 상대방의 메시지를 올바르게 이해하고 반응하는 능력도 중요하다.

02 의사소통의 원칙과 원리

인간은 사회의 환경적 요인에 적응하기 위해 필수적인 수단으로 의사소통이 요구된다. 즉, 인간이 의사소통을 어떻게 하느냐에 따라 긍정적 또는 부정적인 관계가 형성될 수 있다. 관계 형성을 위한 의사소통의 원칙은 다음과 같다.

첫째, 의사소통은 사람의 삶에서 필수적인 요소이다.

둘째, 언어적 의사소통과 비언어적 의사소통으로 이루어진다.

셋째, 의사소통에는 공과 사라는 두 가지 측면이 있다.

넷째, 모든 의사소통은 관계 형성의 종류에 따라 대칭적이거나 상보적인 두 가지 형태를 취하게 된다는 것이다.

기업에서 의사소통은 기업의 리더, 관리자, 직원, 그리고 이해관계자들 사이에서 이루어진다. 관리자와 직원, 직원과 직원 간의 의사소통은 명료하면서 기업의 성과를 위해 적극적인 격려와 보답도 표현하고 신뢰성도 있어야 한다. 또한 직원들의 피드백에 대해 이해심과 인내심을 가지고 대응해야 한다. 이런 점에서 기업 내에서의 의사소통은 매우 중요한 역할을 하며 이를 바탕으로 의사소통 원리는 다음과 같이 7가지로 요약할 수 있다(Redfield, 1958; 김종두, 2005; 김현호 외, 2016).

1) 명료성

간결한 문장과 평이한 용어를 사용해야 한다. 전달하는 내용이 분명하고 체계적이어야 하며, 과거 · 현재 · 미래가 명확하게 비교될 수 있어야 한다.

2) 일관성

의사소통의 내용이 처음부터 끝까지 모순이 없어야 한다. 상사는 처음의 지시와 후의 지시에 모순이 있어서는 안 되며, 지시는 조직의 목표에 부합되어야 한다.

3) 적기성

의사소통은 알맞은 시기를 선택해야 하며 때를 놓쳐서는 안 된다. 상대방이 기분이 나쁠 때 불필요한 의사소통을 하면 기분이 더 나빠질 수 있다.

4) 적절성

의사소통의 양은 적정량을 넘으면 안 된다. 예를 들면, 수업할 때 단시간에 너무 많은 양의 내용을 가르치며 학습하는 것은 교수와 학생 모두에게 효과적이지 못하다는 것이다.

5) 분포성

정보는 전달자가 수신자에게 올바르게 전달되어야 하며, 수신자 또한 전달자의 정보를 잘 알아들어야 한다. 누가 수신자가 될 것인가를 확실히 정하면 사용할 의사소통 수단도 달라진다. 의도나 정보, 지시 등은 송신자로부터 일정한 경로를 거쳐 수신자에게 정보가 정확하게 전달될 수 있도록 적정 공간에 적정 인원이 상황에 맞게 분포하여 정보를 전달해야 한다.

6) 적응성과 통일성

의사소통에는 적응성과 통일성을 조화시켜야 한다. 각각의 다른 내용의 의사소통은 상호 간에 수용될 수 있는 차원에서 전체적으로 통일된 시각으로 표현되어야 한다.

7) 관심과 수용

효과적인 의사소통은 수신자의 관심과 수용적인 태도에 의해 결정된다는 것이다.

활동 1 의사소통 자기진단

자신의 의사소통 방식을 알아보기 위해 문항을 읽고 자신의 상황에 가장 가까운 점수를 하얀 빈칸에 적어 보세요. (전혀 그렇지 않다 - 1점, 그렇지 않다 - 2점, 보통이다 - 3점, 그렇다 - 4점, 매우 그렇다 - 5점)

	나는 평소에	점수			
1	커뮤니케이션의 구성요소에 대해 자신 있게 말할 수 있다.				
2	가까이 지내는 사람들이 나와 의논하는 것을 좋아한다.				
3	상사와 업무상 대화에서 나의 생각을 부담 없이 말하는 편이다.				
4	사람들의 성격이 대화에 영향을 미친다는 사실에 대해 잘 알고 있다.				
5	커뮤니케이션에 도움을 주는 스킬에 대해 세 가지 이상 말할 수 있다.				
6	상대방의 이야기를 들을 때 적극적으로 반응을 보이는 편이다.				
7	아무리 복잡한 내용도 핵심을 중심으로 간결하게 잘 정리한다.				
8	상대가 기분 나쁜 말을 하면 화를 내기 전에 그 입장을 이해하려고 한다.				
9	사람들의 커뮤니케이션 스타일에 관심을 가지고 있다.				
10	상대가 고민을 털어놓을 경우 충고하기보다 많이 듣는 편이다.				
11	업무와 관련된 사항을 정해진 시간 안에 간단명료하게 말하는 편이다.				
12	최근 6개월 사이에 유행하는 신조어 5개를 1분 안에 말할 수 있다.				
13	우리 조직의 커뮤니케이션 문화에 대해 잘 알고 있다.				
14	업무에 필요한 지식이나 정보를 정기적으로 습득하는 편이다.				
15	후배(부하)의 수준에 맞춰 알기 쉽게 말해주는 편이다.				
16	커뮤니케이션을 방해하는 유형에 대해 들어본 적이 있다.				

	나는 평소에	점수			
17	사람들의 성격별 화법의 차이에 대해 관심이 많은 편이다.				
18	세미나나 회의 등을 다녀오면 중요한 내용을 요약, 정리한다.				
19	업무에 필요한 문서(보고서, 기획서)를 부담 없이 작성하는 편이다.				
20	중요한 의사결정 시 감정(편견)에 흔들리지 않고 기준에 충실한 편이다.				
	합계 (세로로 합계를 내보자)				
		A	B	C	D

1. 의사소통 자기진단 분석 결과

A : 의사소통에 대한 기본 지식과 준비도

B : 메시지를 적극적으로 수용할 수 있는 능력

C : 메시지를 알기 쉽게 표현할 수 있는 역량

D : 의사소통 환경에 대한 이해도

21~25				
16~20				
11~15				
6~10				
1~5				
점수 / 항목	A (지식)	B (수용)	C (표현)	D (환경 이해)

2. 의사소통 역량 향상 방안

의사소통 자기진단 결과에 대한 자기 생각이나 느낀 점을 작성하고, 의사소통 역량을 향상시킬 수 있는 구체적인 실천 방안을 작성해 보자. (3가지 이상)

출처: 민혜영, 유은석, 임경령(2018). 의사소통능력.

03 의사소통의 구성요소

의사소통에는 기본적으로 네 가지 구성요소를 가지고 있다.

첫째, 말하는 화자

둘째, 상대의 말을 듣는 청자

셋째, 말하는 내용

넷째, 화자와 청자의 상호관계

의사소통이 이루어지는 과정을 보면 화자와 청자가 수직관계인지 수평관계인지 또는 업무 형태가 보고인지, 논의인지, 또는 사적인 관계인지 공적인 관계인지에 따라 의사소통에 많은 영향을 미친다.

04 의사소통의 모델

의사소통은 메시지, 수신, 발신, 전달의 기본구조로 되어 있다. 즉, 단순히 대화를 나누거나 말을 하는 것 그 이상의 의미를 가진다. 의사소통은 전달자(송신자)가 상대방(수신자)과 상호작용을 하면서 메시지를 교환하는 과정이다. 따라서 효과적인 의사소통을 위해서는 전달자가 메시지를 상대방에게 얼마나 이해하기 쉽게 표현하느냐, 상대방이 어떻게 받아들일 것인가에 대한 고려가 바탕이 되어야 한다. 효과적인 의사소통을 위해서는 일반적으로 통용되고 있는 의사소통의 모형에 대한 이해가 필요하다.

일반적으로 통용되고 있는 의사소통에 대한 최초의 모형은 1949년 벨 연구소의 샤논(Claude Elwood Shannon)과 위버(Warren Weaver)가 고안한 모형이다. 샤논과 위버의 직선적 모형을 샤논과 슈랑(1964)이 '피드백의 개념'과 '경험이 중복되는 장'을 추가하였다. 따라서 의사소통의 모델은 송신자, 수신자, 부호화, 신호, 전달 내용, 경로(매체), 피드백 및 잡음 등의 기본 요소로 이루어져 있다.

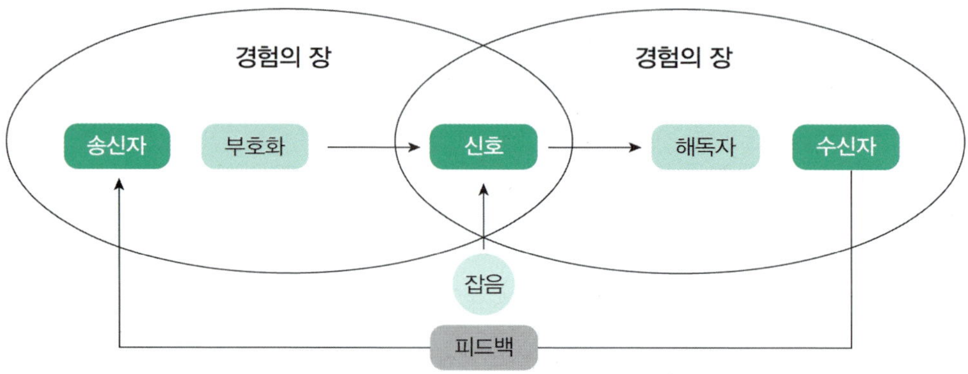

| 그림 1-1 | 의사소통모델

출처: 김종두 외(2019). NCS 직업기초능력 의사소통능력.

1) 전달자(송신자: 말하는 사람)

정보나 아이디어 등을 메시지화하여 전달하는 사람이다. 전달하는 사람의 음성, 감정, 표현방식 등에 따라 메시지가 전달되는 과정에서 왜곡, 변형, 삭제되는 현상으로 내용이 정확히 전달이 안 되기도 한다는 점에 유의해야 한다. 일반 기업에서 관리자나 팀리더가 전달자로서 팀원들과 의사소통을 하려고 할 때 자신 가지고 있는 전문 지식, 가치관, 과거 경험 등이 의사소통에 영향을 미칠 수 있다. 이는 직원들이 받는 메시지의 해석을 다르게 만들 수 있으므로, 전달자는 이런 점을 고려하여 명확하고 이해하기 쉬운 방식으로 메시지를 전달해야 한다.

2) 수신자(듣는 사람)

전달자로부터 부호화된 메시지를 받고 전달자에게 부호화해서 다시 보내는 사람이다. 기업에서는 관리자나 팀리더(전달자)의 메시지를 직원들(수신자)이 받아들이게 되는데 이때 직원들(수신자)의 성격, 가치관, 경험, 마음 상태에 따라 메시지를 이해하는 방식이 달라질 수 있다. 따라서 전달자는 수신자의 수준과 상황, 직무 등을 고려하여 메시지를 설명해야 한다.

3) 부호화

전달하고자 하는 내용을 수신자(듣는 사람)가 해석하기 쉽도록 적절한 매개(상징) 수단이 필요하다. 매개 수단으로는 문자나 말과 같은 언어적 수단이 있고, 얼굴 표정 · 몸짓 · 음성 · 목소리 톤 등과 같은 비언어적 수단이 있다.

4) 메시지

전달자가 수신자에게 전달하고자 하는 내용이다. 메시지에는 객관적인 정보뿐만 아니라, 생각, 감정, 의미 등의 주관적인 요소도 포함하고 있다. 메시지 전달 과정에는 부호화 과정과 해독 과정이 있다. 부호화 과정은 전달자가 자신의 감정이나 생각들을 매개로 부호화하거나 변형시켜 메시지로 전달하는 것이다. 해독 과정은 수신자가 전달자의 메시지를 자기 생각과 감정으로 해독하거나 번역하는 것이다. 기업에서 의사소통할 때, 수신자의 연령, 교육 수준, 사회 환경, 문화적 배경, 건강 상태 등을 고려하여 소통해야 하며, 전문 용어나 복잡한 개념을 수신자가 이해할 수 있도록 설명해야 한다.

5) 해석

수신자는 전달자로부터 전달받은 부호화된 내용을 해석하는 과정이다. 기업에서 효과적인 의사소통이 되기 위해 전달자의 메시지가 수신자에게 정확하게 해석되어야 하고 그 의미가 수신자에게 정확하게 전달될 수 있다.

6) 매체

매체는 의사소통의 경로를 말한다. 경로에는 직접 만나서 대화하거나 면담·회의 등과 같은 직접적 경로와 메신저·트위터·인스타·페이스북 등과 같은 각종 소셜 미디어, 화상 회의·전자결재 등과 같은 간접적 경로가 있다. 즉, 전달 내용이 무엇이냐에 따라 매체 선정을 다르게 해야 정확하고 효과적인 의사소통이 이루어진다. 직장에서는 보고서, 이메일, 소셜 미디어, 화상 회의, 전자 결재 등 다양한 매체를 통하여 의사소통을 하고 있다. 특히, 급변하는 현대 사회에서 원격 근무나 자택 근무, 텔레커뮤니케이션 등의 비중이 높아지면서 다양한 매체를 통한 의사소통이 중요해지고 있다.

7) 피드백

전달자의 메시지에 대한 수신자의 반응으로 수신자의 의견이나 특정한 행동을 말한다. 의사소통은 지속적이기 때문에 즉각적인 피드백 과정이 필요하다. 일하는데 전달 내용에 대하여 피드백이 늦어지거나 무시하고 회신 되지 않는 경우가 있다. 이런 경우 서로에 대한 불신과 부정적인 이미지를 주기 때문에 효율적인 일의 진행이 어려워진다.

활동 2

기업 내 자유로운 의사소통은 직원들의 조직 몰입을 높이는 것은 물론, 기업의 발전과 성장의 원동력이 된다. 그렇다면 자신이 생각하는 의사소통이란 무엇인지 작성해 보고, 일상생활 중 의사소통 과정에서 어려웠던 점은 없었는지 생각해 보자. 그리고 이를 바탕으로 일상생활 및 직업생활에서의 원활한 의사소통을 위해 어떤 노력을 해야 할지 생각해 보자.

1. 자신이 생각하는 의사소통은 무엇인지 작성해 봅시다.

2. 사회, 직장생활 및 일상생활에서 의사소통 과정이 어려웠던 점은?

이유:

개선 방안:

3. 사회, 직장생활 및 일상생활에서 원활한 의사소통이란 무엇일까?

의 사 소 통

COMMUNICATION

02

CHAPTER

의사소통의 유형과 효율적 의사소통능력 개발

일반목표

의사소통 유형을 알아보고, 언어적 의사소통과 비언어적 의사소통의 활용능력에 대한 종합적인 능력을 기른다.

세부목표

1. 의사소통의 유형을 설명할 수 있다.
2. 언어적 · 비언어적 의사소통의 차이를 설명할 수 있다.
3. 의사소통을 방해하는 요인들을 알아볼 수 있다.
4. 효과적인 의사소통의 중요성을 설명할 수 있다.

주요용어

의사소통 유형, 언어적 의사소통, 비언어적 의사소통, 의사소통능력 개발

미리보기

의사소통이란 말과 글로 이루어진 언어적인 의사소통과 생각 · 태도 · 감정 등을 표정 · 몸짓 · 목소리 톤 등으로 이루어진 비언어적 의사소통으로 구성되어 있다.

언어 소통에 대한 연구가인 미국의 인류학자인 레이 버드휘스텔에 의하면 우리 생활에서 흔히 언어에 의한 의사소통은 35% 이하에 불과하고, 비언어적인 의사소통이 65%에 달한다고 한다.

01 의사소통의 유형

의사소통의 유형은 여러 관점에서 구분할 수 있다. 정보의 흐르는 방향과 조직의 계통, 피드백의 여부에 따라 분류할 수 있다(오기봉, 2013).

1) 정보의 흐르는 방향에 따른 분류

① 상향식 의사소통

상향식 의사소통은 조직 내 하급자가 상사에게 의사를 전달하는 것이다. 따라서 관리 측면보다는 관계 측면을 중요시하는 소통이다. 하급자가 업무 수행과정 중에서 발생하는 문제점이나 성과보고, 부서 간 갈등 과정에서 조정이 필요할 때 주로 상향적 의사소통을 한다. 상위계층의 피드백을 받아서 하는 아이디어, 제안, 민원접수, 의견조사, 소원수리 등의 형태로 나타낸다.

② 하향식 의사소통

하향적 의사소통은 상사로부터 하급자에게로 의사를 전달하는 것이다. 이는 속도가 빠른 장점도 있으나 권위적 속성으로 인해 의미해석이 오류를 범할 수 있다는 단점이 있다. 하향적 의사소통은 하급자가 명확하게 이해할 수 있도록 하고, 수용성이 높아야 한다. 수단으로는 회의, 보고, 공식 문서, 메모, 편지, 방송, 포스터, 전자우편 등이 있다.

③ 수평적 의사소통

수평적 의사소통은 조직 전체의 목적을 달성하기 위하여 책임과 권한이 대등한 지위에 있는 사람들이 상호 간에 이루어지는 소통이다. 이는 상향적 의사소통보다 시간 절약, 협동심 촉진, 개방적이고 자유로우며, 부서 내 문제 해결 등의 역할을 한다. 현대사회는 과학과 기술이 발달하고 조직이 복잡한 환경에서 조직 사이의 조정과 통제가 중요해지므로 수평적 의사소통의 잘 이루어지도록 하는 것이 매우 중요하다.

④ 대각적 의사소통

대각적 의사소통은 조직 구조상 부서와 직급이 다른 사람들 간에 이루어지는 의사소통을 말한다. 경리 팀장과 영업 상무 사이에 어느 한쪽이 긴밀한 협조 및 지원을 구하는 경우가 이에 해당한다.

2) 조직에서 계통에 따른 분류

① 공식적 의사소통

공식적 의사소통은 조직에서 권한 체계와 업무 처리 절차를 명확하게 하기 위한 의사소통을 의미한다. 조직에서의 공식적 의사소통은 수직적 의사소통과 수평적 의사소통으로 구분된다. 수직적 의사소통은 다시 상향식 의사소통과 하향식 의사소통으로 구분된다.

② 비공식적 의사소통

비공식적 의사소통은 주로 구두에 의한 의사전달로 개인적인 욕구에 따라 자생적으로 발생하는 의사소통을 의미한다. 비공식적인 의사소통은 경로의 불확실성과 내용의 모호성이 있다. 또한 조직 구성원들이 행하는 대부분의 의사소통은 비공식적인 의사소통이다. 여기에는 *그레이프 바인(Grape Vine)과 루머·잡담 등이 포함된다.

---

* 그레이프 바인(Grape Vine): 집단이나 조직에 존재하는 비공식적인 의사소통

3) 피드백의 여부에 따른 분류

① 일반적 의사소통

일반적 의사소통은 방송, 신문, 게시판, 회보 등을 이용한 경우처럼 피드백의 기회가 주어지지 않은 의사소통이기 때문에 의사 전달이 빠른 반면, 수신자의 이해가 불완전할 수 있다.

② 쌍방향 의사소통

쌍방향 의사소통은 송신자와 수신자 사이에 피드백이 일어나는 의사소통이며 메시지의 모호성으로 인한 수신자의 오해 여부를 확인할 수 있고, 송신자의 실수에 대한 주의를 환기시킬 수 있어 의사소통의 오류를 줄일 수 있다.

02 언어적 의사소통과 비언어적 의사소통

의사소통이란 개인 또는 집단에 대해 정보, 감정, 사상, 의견 등을 전달하고 그것들을 받아들이는 과정이다. 원활한 의사소통을 위해서는 언어적 의사소통과 비언어적 의사소통이 조화를 이루어야 한다.

1) 언어적 의사소통

우리의 일상생활에서 상대방을 이해하며 욕구를 파악하고 문제를 해결하기 위한 과정으로 언어적 의사소통이 핵심이다. 언어적 의사소통은 말과 글을 통해 이루어진다. 언어적 의사소통의 원리를 살펴보면 다음과 같다(김종두, 2017).

- 두 사람 이상의 의사소통 과정에서 이루어지는 주제를 파악해야 한다.
- 의사소통 상황을 파악할 수 있어야 한다.
- 언제 의사소통이 이루어지는지 알아야 한다.
- 효과적인 의사소통과 비효과적인 의사소통 행위 간의 차이를 구별할 줄 알아야 한다.

언어적 의사소통의 기술을 살펴보면 다음과 같다(권석만, 2015).

① 경청

인간이 태어나면서 가장 먼저 듣는 소리는 자기의 울음소리이다. 이처럼 언어적 의사소통에서 상대방의 이야기를 잘 듣는 것은 매우 중요하다. 경청은 의사소통의 기본 과정이며 상대방이 보내는 소통 내용에 주의를 기울이고 상대방이 말하고자 하는 내용을 이해하기 위해 노력하는 행동을 의미한다. 사람은 누구나 자기 생각, 의견, 감정 등을 말하려고 하므로 상대방의 이야기를 경청하는 것이 쉬운 일은 아니다.

② 질문하기

질문하기는 기본적으로 상대방에게 추가적인 정보를 요청하고 상대방의 태도, 감정, 의견 등을 확인하는 행동이다. 이 행동은 상대방에 대한 관심과 호기심을 표현하기도 하고 때로는 의사소통 과정을 통제하는 수단이 되기도 한다.

③ 반영하기와 공감하기

사람은 대화를 통해서 자신이 한 이야기에 대해서 이해받고 공감받고자 하는 내면적 욕구를 지닌다. 따라서 자신을 이해해 주는 사람을 좋아하고 그 사람들과 인간관계를 맺고자 한다. 상대방의 메시지를 정확하고 깊이 있게 이해하며 감정적으로도 공감하는 반응을 보여주는 것은 깊이 있는 인간관계를 촉진하는 필수 요소이다. 반영하기는 상대방의 표현 내용에 대해 자신이 이해한 정도가 정확한지를 확인하는 것을 말한다. 대화과정에서 반영하기를 통해 상대방이 자신의 메시지가 정확하게 전달되고 이해받고 있다는 느낌을 갖게 되었을 때 인간관계에 대한 참여도가 높아진다. 공감하기는 상대방이 자신의 상황과 감정을 이해하며 수용하고 있다는 느낌을 주기 때문에 상대방에 대한 신뢰가 증가하게 된다.

④ 설명하기

우리는 인간관계 속에서 자신의 입장, 생각, 지식, 감정, 의견 등을 상대방에게 전달해야 하는 상황에 자주 부딪히게 된다. 이러한 상황에서 우리는 상대방에게 자신의 의견을 이해시키고 설득하면서 자신이 알고 있는 지식이나 정보를 다른 사람에게 가장 쉽게 설명하여 전달하고자 한다. 이렇게 자기 생각을 표현하고 설명하는 일은 중요한 의사소통의 요소이다.

설명하기를 정확하게 하기 위해서는 네 가지 노력이 필요하다. 첫째, 설명하는 상황과 대상에 대한 고려가 필요하다. 둘째, 설명할 내용, 순서, 방식 등에 대해서 미리 계획하고 준비하는 노력이 필요하다. 셋째, 설명할 내용을 간결하고 분명하며 정확하고 체계적으로 표현하는 것이 바람직하다. 넷째, 보조적인 발표 도구를 활용하는 것도 효과적인 설명 방법이다.

⑤ 강화주기

강화주기는 타인에 대한 긍정, 인정, 칭찬, 격려, 지지 등을 전달하는 언어적 표현을 의미한다. 상대방으로 하여금 자신을 따뜻하게 이해받고 수용받고 있다는 느낌을 갖게 함으로써 인간관계에 대한 관심과 참여를 높인다.

⑥ 자기공개하기

인간관계의 심화에 중요한 의사소통 요소는 자기공개이다. 자기공개는 인간관계에서 주변 사람들에게 일반적으로 알려지지 않은 자신의 사적인 정보를 상대방에게 의도적으로 노출시키는 행위이다(Fisher, 1984; Worthy, Gary & Kahn, 1969).

자기공개는 상대방으로 하여금 경계심과 두려움을 풀고 신뢰감을 증진시키는 효과를 지닌다. 따라서 자기공개는 상대방에 대한 개방성과 신뢰성이 높아져 인간관계가 심화된다.

⑦ 자기주장하기

자기주장(self-assertion)은 여러 심리학자에 의해서 오래전부터 주목되어 온 중요한 인간관계 요소이다. 자기주장은 자신의 개인적인 권리를 옹호하고 향상시키기 위해 타인의 권리를 존중하면서 동시에 자신의 사고, 감정, 신념을 직접적이고 솔직하게 표현하는 행동이다.

⑧ 유머

유머(humor)는 유쾌한 익살, 해학, 농담 등으로 인간관계를 촉진하는 양념과 같은 역할을 한다. 인간관계의 긴장을 해소하여 타인을 편안하게 만드는 기능을 한다.

2) 비언어적 의사소통

비언어적 의사소통은 다양한 신체언어를 통해 자기 의사와 감정을 표현하는 기술을 의미한다. 비언어적 의사소통을 통해 타인의 의도와 감정을 파악하는 것도 인간관계에서 매우 중요하다. 비언어적 의사소통의 요소로 활용될 수 있는 소통 수단은 다음과 같이 매우 다양하다(권석만, 2015).

첫째, 얼굴 표정 · 눈 맞춤 · 몸동작이나 자세 등과 같은 몸의 움직임은 비언어적 의사소통의 중요한 수단이 된다.

둘째, 악수 · 팔짱 낌 · 포옹 등과 같은 신체적 접촉을 통해 서로에 대한 감정을 표현한다.

셋째, 머리 모양 · 옷차림새 · 장신구 · 화장 · 향수와 같은 외모의 치장을 통해 감정 또는 상대의 상태를 알 수 있다.

넷째, 상대방과의 공간적 근접 및 거리, 상대방을 대하는 방향 등 공간적 요인도 중요한 소통 수단이 될 수 있다.

다섯째, 말의 강약 · 완급 · 음색 · 말하는 방식 등 언어적 의미가 없는 음성적 행동도 의미를 전달하는 중요한 수단이 된다.

비언어적 의사소통 특징은 '언어 이외의 방식으로 표현되는 메시지'로 다음과 같이 몇 가지가 있다(설기문, 1998; 김종두 외, 2018).

① 비언어적 의사소통은 존재한다.

아무 말도 하지 않고 있다고 하더라도 그 사람의 기분이나 상태를 짐작할 수 있다. 비록 말은 없어도 그의 표정이나 몸짓을 통해 그는 자신의 감정이나 내적 경험을 표현, 짐작할 수 있기 때문에 비언어적 의사소통은 항상 존재한다.

② 의사소통은 하지 않을 수 없다.

언어의 사용 여부와 관계없이 비언어적 의사소통이 존재한다는 점을 인정한다면 당연히 우리는 항상 의사소통하고 있다고 할 수 있다. 비록 비언어적 메시지를 보내고자 하는 의도가 없었다고 하여도 타인의 사소한 행동이나 얼굴 표정을 통해서 타인의 감정이나 생각을 읽을 수 있다.

③ 비언어적 의사소통은 문화에 따라 다르다.

언어가 문화에 따라 달리 이해되고, 해석되듯이 비언어적 의사소통도 문화에 따라 다르게 표현되고 해석된다. 사소한 행동이나 얼굴 표정·손짓·눈을 바라보는 것도 문화에 따라 다르다.

④ 비언어적 의사소통은 모호하다.

언어적 메시지가 애매하면 오해가 생길 수 있듯이 비언어적 메시지도 상황에 따라 잘못 이해될 수가 있다. 특정한 표정이나 행동에 대한 해석이 정확하거나 분명하지 않고 모호한 경우가 많기 때문에 잘못된 해석으로 인해 갈등이나 다툼이 유발될 가능성이 있다.

활동 1

두 사람이 짝이 되어 최근에 관심사(시사, 뉴스, 주변 사건 등)에 대한 간단한 대화를 하면서 관찰한다. 친구의 목소리, 몸의 자세, 얼굴 표정, 손이나 팔의 동작에 대하여 관찰한 내용을 기록해 보자.

	비언어적 표현
목소리	
몸의 자세	
얼굴 표정	
손, 팔의 동작	

활동 2

화를 내서 상대방을 불편하게 만들었던 경험을 생각해 보고 어떻게 표현했으면 좋았을지 기록해 보자.

	부정적 감정(화내기) 표현
상황	
화낸 이유	
표현한 말	
결과	
일차 감정	
이차 감정	
표현 방법의 개선	

03 의사소통을 방해하는 요인들

우리는 의사소통의 중요성을 알고 있지만, 자신도 모르게 의사소통을 저해하는 행동을 한다. 의사소통을 저해하는 대표적인 세 가지는 다음과 같다.

첫째, '일방적으로 말하고', '일방적으로 듣는' 무책임한 태도이다. 직장생활을 하면서 누구나 실수를 하지 않기 위해 주의를 기울인다. 그러나 의사소통을 하는데 '정확하게 전달되었는지' 혹은 '정확하게 이해되었는지'를 확인하지 않으면 서로 엇갈린 정보를 가지게 된다. 이런 경우 의사소통 과정에서 상호작용이 부족하다고 볼 수 있다.

둘째, 복잡하거나 경쟁적인 메시지 전달이다. 이는 듣는 사람이 이해하기 너무 복잡한 메시지이거나 서로 모순된 내용을 가지고 경쟁적인 메시지를 전달하는 것은 잘못된 의사소통이다.

셋째, 의사소통에 대한 선입견이다. 우리는 보통 '말하지 않아도 안다.', '호흡이 척척 맞는다.', '일은 눈치로 배워라.' 등과 같이 직접적인 대화를 통해 소통하는 것보다 눈치를 통해 소통하는 것을 미덕이라고 생각하는 경향이 있다. 그러나 직장생활에서는 정확한 업무처리가 먼저이다.

1) 언어적 의사소통의 방해요인

언어적 의사소통을 방해하는 요인으로 인위적 요인과 환경적 요인으로 나눌 수 있다.

① 인위적 요인

인위적 요인은 인적 구성으로 인해 발생하는 요인이다. 구성원들 간의 관계, 조직의 사회적·심리적 분위기, 조직 구성원의 성격적 특성 등에 의해서 방해받을 수 있다.

② 환경적 요인

환경적 요인은 주변 환경으로부터의 소음을 의미한다. 대화를 하는 장소가 소음에 노출이 되어 있거나 집중할 수 없으면 대화의 내용이 제대로 전달되지 못하여 서로 원하는 내용을 전달하지 못하게 됨으로써 의사소통에 방해받을 수 있다.

2) 비언어적 의사소통의 방해요인

① 인위적 요인

문화권이 서로 다르거나 상대방이 수용 의사가 없을 때, 너무 빠른 동작으로 인해 상대방이 인지하지 못했을 때 의사소통에 방해받을 수 있다.

② 환경적 요인

물리적으로 거리가 먼 곳에 있거나 시각적으로 어두워 어떤 동작을 표현하고 있는지 알 수 없을 때, 스마트폰이나 PC와 같은 전자 매체에 기계적 문제가 생겨 작동이 원만하지 않을 때는 의사소통에 방해받을 수 있다.

04 효율적인 의사소통능력 개발

직장생활에서는 많은 사람들과 다양한 의사소통 방법을 통해 업무가 이루어진다. 직장 동료 간의 원활한 대화를 위해 언어적 측면에서 요구되는 의사소통능력으로는 의사표현법과 경청능력이 있다. 또한 문서적 측면에서 요구되는 의사소통능력은 기획서나 보고서, 공문서 등을 작성할 수 있는 능력과 이미 작성된 문서를 이해할 수 있는 능력이다. 효과적인 의사소통능력을 개발하기 위해서 자신의 의사소통을 방해하는 요인을 분명히 알고 이를 극복하기 위한 훈련을 해야 한다. 그러기 위해 자신이 의사소통의 주체임을 인식하고 자신의 문제점을 객관적으로 분석할 수 있어야 한다.

1) 사후 검토와 피드백 주고받기

피드백(feedback)은 상대방에게 그(그녀)의 행동에 대한 결과가 어떠한지 정보를 제공해 주는 것이다. 즉, 그(그녀)의 행동이 나의 행동에 어떤 영향을 미쳤는지에 대해 상대방에게 솔직하게 알려주는 것이다. 피드백은 상대방에게 행동을 개선할 기회를 제공해 주기도 하지만 부정적인 피드백만을 계속해서 주면 역효과가 나타날 수 있다. 피드백을 줄 때 상대방의 긍정적인 면과 부정적인 면을 균형 있게 전달하도록 해야 한다.

2) 언어의 단순화

의사소통에서는 필요한 상황에 따라 용어의 선택이 달라질 수 있다. 의사소통에서 사용하는 언어는 상대방의 수준과 입장을 고려하여 선택해야 한다. 전문용어는 그 언어를 사용하는 집단에서는 이해를 촉진하지만, 그 집단 밖에서는 오히려 오해를 불러일으키거나 이해를 어렵게 할 수 있다.

3) 적극적인 경청

우리는 다른 사람과 대화할 때 상대의 이야기에 관심을 보이지 않으면, 더 이상 그 사람과는 의미 있는 대화를 나누기 어렵다. 단순히 상대방의 이야기를 들어주는 것과 경청의 의미는 다르다. 들어주는 것은 수동적인 데 반하여 경청은 능동적인 의미이다. 즉, 경청의 의미는 의사소통을 하는 양쪽 모두가 같은 주제에 대해 생각하고 있다는 것이다. 그러나 경청은 지적인 노력과 집중을 필요로 하기 때문에 쉬운 일은 아니다.

4) 감정의 억제

우리는 감정을 가진 존재이기 때문에 언제나 이성적인 의사소통을 하는 것은 아니다. 의사소통 과정에서 어떤 감정을 느끼는 것은 당연한 일이다. 그러나 자신의 감정에 지나치게 몰입하게 되면 의사소통 과정에서 상대방의 메시지를 오해하거나 자신이 전달하고자 하는 의사를 정확하게 전달하지 못하는 경우가 있다. 이런 경우에는 침착하게 마음을 비우도록 노력하고, 자신이 평정심을 찾을 때까지 의사소통을 연기하는 것도 좋다.

활동 3

자신이 타인(선생님, 친구, 선배 등)에게 받은 긍정적 피드백과 부정적 피드백에 대한 사례를 적어보시오.

내가 받은 긍정적인 피드백의 사례	내가 받은 부정적인 피드백의 사례

출처: 민혜영, 유은석, 임경령(2018). 의사소통능력.

활동 4

의사소통능력을 개발하기 위한 방법에는 어떤 것들이 있을까?

1. 단순화된 언어의 사용 : 명확하고 이해 가능한 단어를 선택하여 이해를 높인다.

나는 어떤 노력을 더 해야 할까?

2. 적극적인 경청 : 타인의 감정을 공감하며 능동적인 자세로 집중하여 경청한다.

나는 어떤 노력을 더 해야 할까?

3. 감정의 조절 : 메시지를 들을 때 자신의 감정 상태에 따라 오류가 있을 수 있으므로 침착하게 의사소통을 한다.

나는 어떤 노력을 더 해야 할까?

4. 피드백의 활용 : 말이나 글로 직접 물어보거나 표정, 말투, 억양 등 정확한 반응을 살핀다.

나는 어떤 노력을 더 해야 할까?

출처: 고선미 외(2017). NCS 의사소통 액션북-경청과 의사표현.

실습

봄 소풍에서의 친구들과 의사소통

1. 어떤 주제를 의사소통의 주제로 삼았나요?

2. 의사소통을 하면서 어려운 점은 무엇이 있었나요?

3. 의사소통은 왜 필요하다고 생각하나요?

4. 의사소통을 잘하기 위하여 앞으로 어떤 노력을 할 것인가요?

5. 액티비티(Activity)한 활동을 사진으로 붙여주세요.

학습 성찰

학습한 내용 중 본인의 생활에 적용 가능한 내용과 적용 계획을 작성해 보자.

평가내용	자가진단				
	1	2	3	4	5
의사소통의 개념과 중요성을 설명할 수 있다.					
의사소통의 모델을 설명할 수 있다.					
의사소통의 유형과 효율적 의사소통의 중요성을 설명할 수 있다.					

내용	적용

의 사 소 통

COMMUNICATION

02 PART

문서를 통한 의사소통

CHAPTER 01

문서이해능력

일반목표

직장생활에서 필요한 문서를 확인하여 읽고 내용을 이해한 뒤 업무 수행에 필요한 요점을 파악하는 능력을 기를 수 있다.

세부목표

1. 문서이해에 대한 개념을 설명할 수 있다.
2. 문서이해능력에 대한 필요성을 설명할 수 있다.

주요용어

문서이해, 문서이해능력, 문서이해능력 필요성

미리보기

–회사에 입사한 지 2년 차 김 대리.
처음으로 회사에서 프로젝트를 맡았다. 팀을 꾸리고 프로젝트를 진행하던 중 외부 출장이 잡혔다. 출장 기간 동안 회의를 할 수 없으니 메모를 부탁하고 자리를 비웠다. 일주일 뒤 김 대리는 회사로 복귀했고 일주일 동안 발생한 내용을 문서로 보고받았다.

01 문서이해

소통은 인간관계를 연결해 주는 다리 역할을 한다고 볼 수 있다. 가족, 친구, 동료, 고객 등 관계가 있는 곳에는 소통이 있으며, 소통 없는 인간의 삶은 존립할 수가 없다고 해도 과언이 아니다. 소통에는 수단에 따라서 언어적 소통과 비언어적 소통으로 나뉘는데 그중 언어적인 소통은 구두 의사소통과 문서 의사소통으로 나눌 수 있다. 문서는 서로 간의 정확한 소통을 위한 하나의 방법이며 문서의 내용을 잘 이해하는 것이 가족, 친구, 동료, 고객 등과의 관계를 효과적으로 만드는 방법이다.

1) 문서이해의 개념과 중요성

우리는 책을 읽다 보면 종종 '이 책에서는 무엇을 말하고 있는 거야'라는 말을 들어왔다. 그러나 정작 우리의 문서이해능력은 어느 정도의 수준인지 진지하게 생각해 보지 못하고 글이 어렵다는 핑계만 대고 있다.

과연 문서란 무엇인가? 문서의 사전적 정의는 글이나 기호 등으로 일정한 의사나 관념 또는 사상 등을 나타낸 것이다. 우리는 일상생활은 물론이고 다양한 직업현장에서도 여러 종류의 문서를 사용한다. 문서에는 제안서, 보고서, 기획서, 편지, e-mail, 팩스, 메모, 공지사항 등 글로 구성된 다양한 종류의 서류들이 있다. 우리는 이런 문서들을 통해 타인에게 효율적으로 의사를 전달하고 설득하려고 한다. 먼저 다양한 문서를 보다 정확하게 읽고 이해하여 전달하고자 하는 내용을 명확하게 인식해야 한다.

문서로 정보가 전달되어야 하는 이유는 조직의 정확한 정보를 전달하는 것을 목적으로 하며 문서를 통한 정보 전달이 사업 아이템이나 프로젝트 기획 등을 통해 상대방을 설득하고 업무에 대한 업무분장을 명확히 할 수 있다. 또한 업무 수행의 판단과 의사결정의 근거를 명확히 할 수 있고, 기록을 보존할 수 있으며 책임 소재를 분명히 할 수 있다. 가장 중요한 것은 문서로 인해 업무 수행에 대한 현황을 파악하고 일의 방향성을 제시해 줄 수 있다.

2) 문서의 기능

문서의 주요 기능은 다음과 같다.

첫째, 기록하는 기능이다. 대화로 불충분한 의사소통을 문자, 숫자, 기호, 도표 등을 활용하여 구체적으로 기록하는 기능이다.

둘째, 전달하는 기능이다. 문서로 업무 지시, 연락, 의견 기록, 결정이나 승인, 요구나 의뢰서 등에 대해 의사를 전달하는 기능이다.

셋째, 보존하는 기능이다. 보관이 끝난 문서를 소정의 보존 기관에 따라 보유 관리하는 기능이다.

넷째, 행정 활동을 지원하는 기능이다. 이는 참고자료나 증거자료로 제공되어 정보 제공 수단으로 활용하여 행정 활동을 지원하는 기능이다.

다섯째, 조절하는 기능이다. 이는 기안, 결재, 협조 과정을 통해 조직 내의 업무를 연결하거나 조정하는 기능이다(행정안전부, 2012).

3) 문서의 구분

문서에는 공개문서와 비공개문서로 구분할 수 있다. 공개문서는 일반문서의 일종으로 누구나 열람이 가능하고 일반인들에게 정확한 정보를 전달하기 위하여 만든 공문서이다.

비공개문서는 기밀문서의 일종으로 최소한의 사람들만 알 수 있도록 보안성이 매우 높은 문서이다. 이 문서는 일반인들에게 알려졌을 때 기업이나 국가 또는 사업 등에 지장을 줄 수 있는 내용을 기록한 문서이다. 따라서 공개문서는 비공개문서에 비해 정보의 가치가 상대적으로 낮은 편이다.

4) 문서의 분류

문서는 다양한 기준으로 분류할 수 있다.

| 표 2-1 | 문서의 분류

구분	문서 유형
작성 주체	공문서, 사문서
유통 대상	유통되지 않는 문서(사내문서) : 내부 결재문서 유통 대상 문서(사외문서) : 대내문서, 대외문서, 수발신자의 명의가 같은 문서
문서 형태	장표, 일반문서, 특수문서
사무 절차	접수문서, 배부문서, 공람문서, 기안문서, 결재문서, 미결문서, 시행문서, 완결문서, 보존문서
원본 여부	원본, 정본, 사본
기업 문서	경영문서, 계약문서, 업무문서, 일반문서
처리 단계	접수문서, 배포문서, 기안문서, 합의문서, 완결문서, 시행문서, 이첩문서, 공람문서, 보관문서, 보존문서, 폐기문서, 미처리 문서, 미완결 문서
문서의 성질	법규문서, 지시문서, 공고문서, 비치문서, 민원문서, 일반문서

출처: 이지은(2020). 비즈니스 문서작성법.

5) 문서이해에 필요한 사고력

사고력은 크게 통합력과 분석력을 요하는 논리적 사고력과 창의적 사고력으로 구성된다. 문서이해에 필요한 사고력은 창의적 사고력과 논리적 사고력이다. 평소에 이 두 가지 사고력을 키우는 노력을 꾸준히 해야 문서이해능력이 높아진다.

① 창의적 사고력

수평, 확산, 가능성 등을 토대로 다양한 의견과 아이디어를 발산해 낼 수 있는 능력이다. 창의적 사고력을 계발하는 방법에는 마인드맵 기법이 있다. 마인드맵은 1970년대 초 영국의 교육학자 토니 부잔(Tony Buzan)이 개발한 학습·기억 방법으로 머릿속에 생각의 지도를 그리는 기법이다. 즉, 키워드, 이미지로 핵심 주제를 잡은 다음 생각의 가지를 쳐서 방사형으로 펼치는 방법이다.

② 논리적 사고력

수렴, 집중, 사실 등을 토대로 원인과 결과를 도출해 낼 수 있는 능력이다. 논리적 사고력을 계발하는 방법에는 특성 요인도(Fish Bone Diagram) 기법이 있다. 특성 요인도는 일의 결과(특성)와 그것에 영향을 미치는 원인(요인)을 계통적으로 정리한 그림이다. 특성에 대하여 어떤 요인이 어떤 관계로 영향을 미치고 있는지 명확히 하여 원인 규명을 쉽게 하고 원인에 대한 대책을 세우기 위해 활용된다.

문서이해능력은 갑자기 향상되지 않고 지속적인 노력으로 차츰 향상된다는 것을 잊지 말고 꾸준히 노력해야 한다. 즉, 각자의 사고력 스타일을 알고 그에 따라 창의적 사고력 및 논리적 사고력을 조화롭게 키울 수 있도록 훈련해야 한다.

사례 1

어느 회사에서 신입사원의 면접시험에 아래와 같은 문제가 출제되었다.
"브라질에 비가 내리면 스타벅스 주식을 산다?"

여러분들은 어떤 답을 하겠습니까?

대부분의 면접자들은 당황하여 대답을 하지 못하거나, 전혀 상관관계가 없다는 답변을 내어놓았다. 브라질에 비가 오는 것과 내가 주식을 사는 것과 무슨 상관이 있을까?

하지만 합격한 면접자의 답안은 다음과 같았다.

"브라질에 비가 내려 가뭄이 해소되면 커피의 수확량이 증가합니다. 그렇게 되면 커피 원두의 가격이 하락하고, 원자재 가격이 떨어짐에 따라 스타벅스의 이윤이 상승해 결과적으로 스타벅스의 주가는 향상하게 됩니다."

활동 1

[사례 1]의 경우는 문서이해를 위한 논리적 사고의 중요성을 나타낸 것이다. 질문을 읽고 문서 그대로 판단했다면 논리적인 사고와 동떨어져 있는 황당한 문제인 것 같지만, 문제의 원인과 결과를 논리적으로 파악했다면 위와 같은 답변이 가능했을 것이다. 논리적 사고력 계발 방법 중 하나인 특성 요인도(Fish Bone Diagram) 기법을 활용하여 아래의 문제를 조별로 풀어보도록 하자.

> 친구 K의 집에 가면 간식으로 라면을 끓여 먹곤 한다. 하지만 K가 끓여주는 라면은 언제나 맛이 없다. 우리 집에서 먹는 똑같은 브랜드의 라면으로 끓이지만 왜 K가 끓여주는 라면은 맛이 없는 것일까?

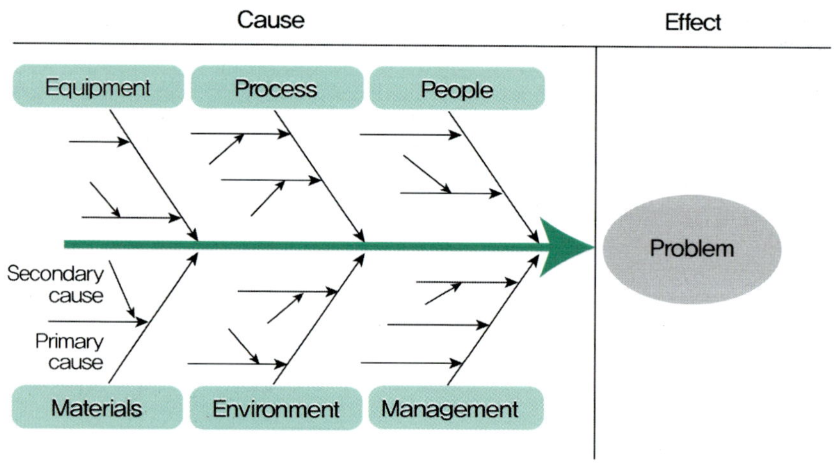

02 문서이해능력

문서이해능력이란 직업현장에서 자신의 업무와 관련된 여러 종류의 문서를 읽고 내용을 이해하여 요점을 파악하는 능력이다. 이때 문서에 담긴 문장이나 정보를 읽고 이해하여 자신이 해야 할 행동이 무엇인지 추론할 수 있어야 하며 도표, 수, 기호 등을 이해하고 표현할 수 있어야 한다.

1) 직장에서 문서이해능력의 개념

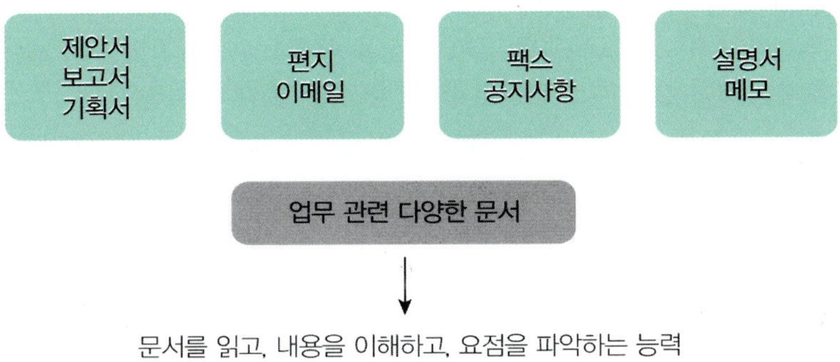

① 문서를 읽고 이해할 수 있는 능력

② 각종 문서나 자료 등에 수록된 정보를 확인하여 알맞은 정보를 구별하고 비교하여 통합할 수 있는 능력

③ 문서에 나타난 타인의 의견을 이해하여 요약하고 정리할 수 있는 능력

2) 직장에서 문서이해능력의 필요성

직장에서는 수많은 정보 중에 자신의 업무와 관련된 정보를 빨리 이해하고 정확하게 찾아내는 능력이 중요하다. 문서에서 전달하고자 하는 메시지를 제대로 파악하지 못하는 경우 직장에서 많은 문제가 발생할 수 있다. 문서를 이해하지

못한 상황에서 오히려 아는 척을 하다 제대로 대처를 하지 못하는 경우가 있다. 그러므로 직장에서 주어진 문서를 정확하게 읽고 이해하여야 하며, 각종 문서나 자료에 기록된 정보를 확인하고 알맞은 정보를 구분하여 비교할 수 있어야 한다.

사례 2

회사는 글과 말로 채용한다. 자기소개서와 면접이 채용 프로세스에 있는 지원자의 글과 말이다. 조직에서는 글로 보고서를 작성하고, 말로 보고하기 때문에 무엇보다 중요한 능력이 바로 글과 말이다. 글과 말 모두 노출하고 싶지 않아도 노출되는 능력이기도 하다. 이 중 글쓰기는 말하기보다 많은 영역에서 노출된다. 회의록, 보고서 등의 문서 작성뿐만 아니라 사내 인트라넷에 글을 올리고, 외부에 메일을 발송하는 일 역시 글쓰기 능력이 요구된다. 메모도 비즈니스 글쓰기에 포함된다.

반복되는 업무에 포함되는 기본 역량으로써 글쓰기 능력이 중요하다. 신입사원 때 문서를 보내기 전에 틀린 글자는 없는지, 문법에 맞지 않는 표현은 없는지 여러 번 살핀다. 그러나 처리했던 업무를 다시 볼 때 다시 오탈자가 발견된다. 혹은 글의 구조나 맥락이 적절하지 않은 경우도 많다. 사실 매일 쓰는 말이 정해져 있고 글쓰기 능력 향상의 필요성을 느끼지 못하는 경우가 많다. 하지만 글쓰기 능력을 한번 점검하고 직장생활을 이어갈 때 직장생활의 품격이 높아진다. 중간관리자가 되고 리더의 위치로 가면 자신의 글쓰기 능력이 더 많은 사람들에게 노출된다. 따라서 글쓰기 능력이 중요하다. 직장에서의 글쓰기, 즉 비즈니스 글쓰기에서 중요한 점은 세 가지다.

첫째, 어휘력이다. 상대와 상황에 맞게 적절하게 사용 가능한 어휘를 많이 확보해야 한다. 다양한 어휘를 외우면 좋겠지만 그보다는 어휘를 수집하고 정리하는 방법을 추천한다. 자신이 속한 조직에서 반복적으로 사용하는 어휘는 기본 단어다. 여기에 선배의 보고서에 포함된 단어, 상사가 자주 발언하는 단어 등의 조직 어휘를 추가한다. 한편 고객과 소통을 해야 하는 위치라면 고객의 이해를 도울 수 있는 단어, 고객의 반응이 좋았던 단어를 수집한다. 다만 어려운 단어는 피해야 한다. 글은 철저하게 읽는 사람을 생각해야 한다. 어휘력에서는 이해도를 높이는 다양성을 추구하는 것이 좋다.

둘째, 문장력이다. 긴 문장보다는 단문으로 표현해야 전달력이 높아진다. 단문일 때 상대가 읽기 쉽기 때문이다. 문장이 길어지면 주어와 서술어가 호응되지 않거나 너무 많은 사실과 메시지가 담겨 전달력이 떨어진다. 표현에 있어서는 주어가 사물일 때를 제외하고 피동문을 피해야 한다. 과도한 피동 표현은 전달력이 부족하고 수동적 느낌을 준다. 담당자로서 능동적 표현의 정도를 높이기 위해서는 능동문을 써야 한다. 예를 들어 '이번 프로젝트가 확정 지어지게 되면 계획을 따르게 될 것입니다'를 '이번 프로젝트를 수주하면 계획에 따라 추진하겠습니다'로 표현할 수 있다. '것이다' 역시 많이 남용되지 않도록 주의해야 한다. '것이다'로 시작해서 '것이다'로 마치는 문장이 도처에 있다.

셋째, 글의 구조다. 보고서 역시 보고의 형태에 따라 목차를 달리하듯이 글 역시 목적과 상황에 따라 구조를 다르게 구성해야 한다. 글의 구조를 볼 수 있어야 맥락을 살필 수 있고, 전달하고자 하는 바를 명확하게 정리할 수 있다. 구조상 빠진 부분이 있거나 과하게 포함된 영역이 있다면 맥락에 맞지 않는 구성이다. 비즈니스 글쓰기에서는 문단의 앞에 목차나 소제목을 붙일 수 있기 때문에 구조적 정리와 글쓰기가 더 효과적이다. 글쓰기의 마지막에 반복해서 점검할 부분은 오탈자만이 아니라 구조의 확인이다. 구조 역시 조직에서 수집해 놓으면 필요할 때 유용하게 활용 가능하다. 여기에 접속사를 같이 수집하고 적절한 위치에 사용하면 금상첨화다. 읽는 사람은 접속사에 주의력이 높아지기 때문에 접속사 역시 글쓰기에서 중요하다.

비즈니스 글쓰기는 실용 글쓰기다. 예술 글쓰기가 아니다. 따라서 관심을 두고 연습하면 실력이 향상된다. 직급이 올라갈수록 더 많은 사람과 이해관계를 맺을수록 중요해지면서 동시에 큰 영향력을 발휘하는 능력이 바로 글쓰기다. 지금부터 관심을 높이고 자신의 글쓰기 능력 향상을 위한 행동을 실행하자. 현재와 미래의 직장생활 품격을 높일 것이다.

출처: 매일경제(2019.02.05.). 직장생활의 품격을 높이는 글쓰기 능력.

활동 2

기업 내 업무처리에서 문서이해능력은 기업의 생명을 다루는 일이기 때문에 중요한 영역이다. 기업 내 업무 능력 중 읽고 이해하기는 문서이해능력을, 글쓰기는 문서작성능력을 각각 의미한다.

[사례 2]를 통하여 우리는 직장생활에 있어 이 두 가지 능력이 매우 중요함을 시사하고 있다. 자신의 경험을 돌아볼 때 자신에게 주어진 문서를 제대로 이해하지 못한 경험과 이해하지 못한 원인을 작성해 보자.

주어진 문서를 제대로 이해하지 못한 나의 사례		원인이 무엇일까?
1		
2		
3		
4		
5		
6		

학습 성찰

학습한 내용 중 본인의 생활에 적용 가능한 내용과 적용 계획을 작성해 보자.

평가내용	자가진단				
	1	2	3	4	5
문서에 대한 개념을 설명할 수 있다.					
문서이해능력에 대한 필요성을 설명할 수 있다.					

내용	적용

CHAPTER 02

문서이해능력을 통한 의사소통

일반목표

정보를 구별할 수 있는 기술적 지식, 도표, 수, 기호 등의 특성에 대한 작성 능력을 기를 수 있다.

세부목표

1. 다양한 문서 종류를 설명할 수 있다.
2. 다양한 문서 양식을 설명할 수 있다.
3. 문서를 통한 의사소통 목적을 설명할 수 있다.

주요용어

문서 종류, 문서 양식, 문서이해 절차

미리보기

지난 5월 경기도 소방재난본부 직원들이 익명으로 의견을 나누는 내부망 자유토론방에 한 구급 대원의 글이 올라왔다.
'△△병원 갑질 멈춰!'라는 제목의 글에는 "모두가 알다시피 △△병원 갑질이 나아질 기미가 안 보인다"며 "중증외상 환자를 만났을 때 이 환자를 어떻게 처치하고 빨리 이송하느냐가 걱정이 아니라 △△병원 중증외상센터에서 받아줄까를 먼저 걱정하게 된다."고 적혀 있다.
이어 "혹시나 하지만 역시나 '네, 자리 없어요.'라고 끊어버리는 전화에 화는 머리끝까지 치밀고 자존심은 구겨진다"며 "제발 개선 좀 됐으면 좋겠다."고 덧붙였다.
이 글은 2천 회가 넘는 조회 수를 기록하고 있다. 수많은 구급 대원이 댓글로 유사 사례나 공감 등을 표현하면서 그간의 애로와 불만이 터져 나왔다.
코로나19로 D급 방호복을 착용하다 보니 땀은 비 오듯 쏟아지고 구급 출동 건수는 코로나 이전보다 감소했지만 출동 시 시간이 평균 20.4분이나 증가했다. 구급 대원뿐 아니라 의료진 모두 피로감을 느끼는 상황이다.
안○○ 경기도 소방재난본부 구조구급과장은 현장 대원들의 애로를 청취한 후 문제점 해결에 나섰다. 우선 현황 파악을 위해 그간 이송 거부 사례들을 수집하려 했지만 쉽지 않았다. TF팀 운영을 통해 구급 대원들에게 구급일지에 병원에서 이송을 거부한 횟수, 사유 등을 상세하게 기록하게끔 보완하면서 데이터 파악이 가능해졌다.

출처: 소방방재신문(2021.10.25.). 집중조명, 119 구급 서비스 최고 난제.

01 문서 종류

세상에는 수많은 직업이 있고 그에 맞는 문서 종류도 각양각색이다. 중요한 것은 다양한 문서를 제한된 시간 내에 이해하여 관련된 업무를 조직화하고 실행, 능숙하게 처리할 수 있는 능력이 필요하다. 그것은 개인의 업무 성과에 직접적인 영향을 미치기 때문이다. 따라서 원활한 직장생활을 위해서 다양한 문서의 종류와 그에 따른 문서이해 방법을 잘 알아야 한다. 우리가 직장생활에서 접하는 수많은 문서들은 그 종류도 다양하고 각 문서에 따른 용도도 제각각이다. 다양한 문서를 얼마나 빨리 이해하고 능숙하게 업무를 처리하느냐가 업무의 성과에 상당한 영향을 미치며 문서이해가 빠른 사람은 그렇지 못한 사람에 비해 업무처리 속도가 현저히 높은 것이 사실이다. 다양한 문서의 종류와 그에 따른 문서이해 방법을 잘 알아야 하는 중요성을 잊지 말아야 한다.

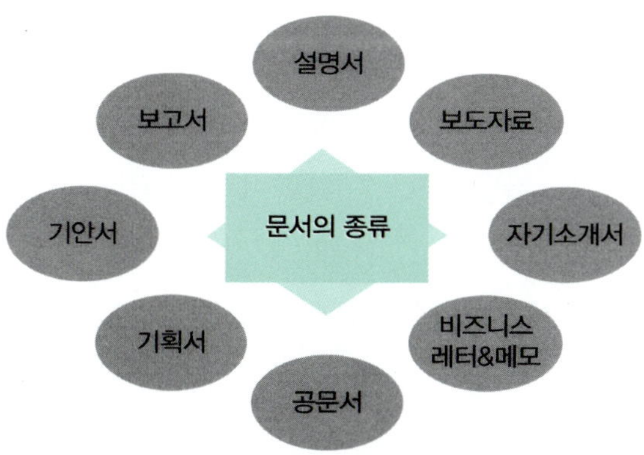

▎그림 2-1▎ 문서의 종류

출처: 한국산업인력공단(2016). 대인관계능력 학습자용 워크북.

02 문서의 쓰임과 양식

1) 공문서

정부기관에서 대내적 혹은 대외적인 공무를 집행하기 위해 작성하는 문서를 의미한다. 정부기관이 일반 회사 또는 단체로부터 접수하는 문서 및 일반 회사에서 정부기관을 상대로 사업을 진행할 때 작성하는 문서도 포함된다. 엄격한 규격과 양식에 따라 정당한 권리를 가진 사람이 작성해야 하며 최종 결재권자의 결재가 있어야 문서 기능이 성립된다. 공문서는 두문, 본문, 결문으로 나누어 작성한다. 두문에는 수신자명 또는 해당 내용을 처리할 자의 직위를 포함하여 작성하며 제목은 반드시 작성한다. 그리고 본문에는 전하고자 하는 내용을 쓰고 제목과 일치하게 육하원칙에 따라 정확히 작성한다(공문서 양식 예시 221p 참조).

2) 기획서

어떤 일을 기획해서 하나의 프로젝트로 만들어 문서 형태로 정리한 문서이다. 상대방에게 기획 내용을 전달하고 그 기획이 시행될 수 있도록 설득하기 위해 작성된다. 기획서의 서론에는 아이디어가 시장에서 왜 필요한지를 파악하고 본론에는 아이디어 시장에서 어떻게 수입으로 만들어 낼 수 있을지를 고민하는 전략 방향을 작성한다. 결론에는 상황분석과 전략을 통해서 얻을 수 있는 결과가 어떻게 될지를 알아보는 기대 효과를 작성한다(기획서 양식 예시 223p 참조).

3) 기안서

회사의 업무에 대한 협조를 구하거나 의견을 전달할 때 작성하는 것으로 흔히 사내 공문서로 불린다. 업무에 의한 지시나 명령 또는 부서 간의 업무 협조를 위하여 시행되는 문서가 대부분이다(기안서 양식 예시 225p 참조).

① 기안서의 종류

- 대내문서: 회사 또는 단체에서 내부적으로 계획을 수립하거나 처리 방침을 보고 또는 검토하기 위하여 결재를 받는 문서로 내부에서 상호 간 협조를 하거나 보고 또는 통지를 위하여 작성하는 문서
- 대외문서: 내부에서 결정된 사항을 회사 또는 단체 간에 발송하고 수발하는 문서로 일반적으로 공문서, 보고서, 제안서의 형태로 작성
- 전자문서: 컴퓨터 등 정보처리능력을 가진 장치에 의하여 전자적인 형태로 작성하거나 송수신 또는 저장된 문서

4) 보고서

특정한 일에 관한 현황이나 그 진행 상황 또는 연구·검토 결과 등을 보고할 때 작성하는 문서이다(보고서 양식 예시 227p 참조).

① 보고서의 종류

- 영업보고서: 영업상황을 문장 형식으로 기재해 보고하는 문서
- 결산보고서: 진행됐던 사안의 수입과 지출 결과를 보고하는 문서
- 일일업무보고서: 매일 업무를 보고하는 문서
- 주간업무보고서: 한 주간에 진행된 업무를 보고하는 문서
- 출장보고서: 회사 업무로 출장을 다녀온 후 그 업무 결과를 정리한 문서
- 회의보고서: 회의 결과를 정리해 놓은 문서

5) 설명서

상품의 특성이나 성질, 상품 가치, 작동 방법, 사용 방법이나 과정 등을 알기

쉽게 사용자에게 설명하는 것을 목적으로 작성된 문서이다(설명서 양식 예시 229p 참조).

① 설명서의 종류

- 상품소개서: 일반인들이 상품을 쉽게 이해하도록 돕는 문서이다. 소비자에게 상품의 특징을 잘 전달해서 그 상품을 구입하도록 유도하는 것이 주목적이다.
- 제품설명서: 제품의 특징과 활용도에 대해 세부적으로 언급하는 문서이다. 제품 구입도 유도하지만 제품의 사용법을 자세히 알려주는 것이 주목적이다.

6) 보도자료

정부 기관이나 기업체, 각종 단체 등이 언론을 상대로 자신들의 주요 정보가 기사로 보도되기 위해 만드는 자료이다(보도자료 양식 예시 231p 참조).

7) 자기소개서

개인의 성장 배경과 가치관, 특별한 경험, 입사 동기와 향후 목표 등을 구체적으로 기술하여 자신을 소개하는 문서이다. 즉, 자기 이름이나 경력, 직업 등을 상대방에게 알리기 위한 서식이다. 자기소개서를 작성하는 이유는 단시간 안에 자신의 장점, 성격, 가치관, 경험 등을 알려야 할 경우가 생기기 때문이다(자기소개서 양식 예시 234p 참조).

① 자기소개서의 구성

NCS 기반 자기소개서는 자기 일대기를 기술하는 방법이 아닌 해당 지원자의 지원 동기(조직/직무) 및 조직적 합성(핵심가치/인재상), 직업기초능력을 평가하기 위한 질문 문항으로 구성된다.

② 자기소개서에 들어갈 것

- 목표기업, 희망 직무와 관련된 검증된 능력
- 독특한 능력을 보여줄(검증할) 과거의 업적
- 검증된 팀워크 능력 및 확인된 리더십
- 자신의 경력목표와 비전 및 가치관
- 책임감을 보이는 구체적 표현
- 정서와 기질적 특성
- 직무, 회사 인재상과 관련된 봉사활동

③ 자기소개서 작성 시 유의사항

- 직접 제출 또는 인편에 전달하는 서류에는 반드시 편지를 봉하여 붙인다.
  - 제출하게 된 동기, 추천받은 과정, 각오 등
- 면접을 마치고 오거나, 인사부서 또는 희망 직무 부서 담당자와 면담을 하고 돌아온 후 반드시 감사편지나 감사메일로 인사

8) 비즈니스 레터(E-mail)

사업상의 고객이나 단체에게 편지를 쓰는 것을 말한다. 직장 업무나 개인 간의 연락, 직접 방문하기 어려운 고객 관리 등을 위해 사용되는 비공식적 문서이다. 제안서나 보고서 등 공식적인 문서를 전달하는 데도 사용된다(비즈니스 레터 양식 예시 238p 참조).

9) 비즈니스 메모

업무상 중요한 일이나 체크해야 할 일이 있을 때 필요한 내용을 메모 형식으로 작성하여 전달하는 글이다(비즈니스 메모 양식 예시 239p 참조).

① 비즈니스 메모의 종류

- 전화 메모: 업무적인 내용부터 개인적인 전화의 전달사항 등을 간단히 작성해 당사자에게 전달하는 짧은 글이다.
- 회의 메모: 회의에 참석하지 못한 상사나 동료에게 전달 사항이나 회의 내용에 대해 간략하게 적어 전달하거나, 회의 내용 자체를 기록하여 회의의 기록이나 참고자료로 남기기 위해 작성한 메모이다. 월말이나 연말에 업무 상황을 파악하거나 업무 추진에 대한 궁금증이 있을 때 핵심적인 자료 역할을 한다.
- 업무 메모: 개인이 추진하는 업무나 상대의 업무 추진 상황을 간단하게 메모로 적은 글이다.

다양한 문서의 내용을 다 이해하고 머릿속에 기억하기는 어려운 일이다. 따라서 우리는 각각의 문서에서 중요한 내용만을 골라 필요한 정보를 획득하고 다양한 정보를 수집하여 종합하는 능력이 절실하다. 이러한 능력은 쉽게 얻어지는 것이 아니라 다양한 문서를 읽고 정리하는 연습을 통하여 문서이해능력과 종합능력을 키워 나가야 한다.

사례 1

○○○씨에게

오늘 출장이 있어 작업 내용을 알려주고 나갑니다. 이번 월말까지 회사에서는 50,000개의 제품을 A사에 납품해야 합니다. 그래서 말일까지 납품 물량을 맞추려면 오늘은 무슨 일이 있더라도 3,000개의 제품을 완성해야 합니다. 그리고 오후 6시까지는 모든 일을 마쳐야 하는 건 알고 계시지요? 작업을 마친 후에는 반드시 작업장 청소를 깨끗이 하고 퇴근하기 바랍니다. 그럼 잘 부탁합니다.

20△△년 3월 17일

작업반장

출처: 한국산업인력공단(2016). 대인관계능력 학습자용 워크북.

활동 1

[사례 1]의 내용은 출장 중 남긴 작업지시서의 예시문이다. 위의 글을 읽고 아래의 질문에 답해보자.

1. 이 지시문은 누가 누구에게 보낸 것인가?

2. 이 지시문에서 가장 중요한 내용은 무엇인가?

3. 오늘 작업은 언제까지 완료해야 하는가?

4. 작업을 완료한 후에 해야 할 일은 무엇인가?

03 문서이해의 구체적인 절차

우리는 일상생활이나 직장생활에서 다양한 활동을 하면서 수많은 문서를 읽게 된다. 하지만 주어진 문서를 빠르고 정확하게 이해하기 위해서는 문서를 이해하는 구체적인 절차를 알고 다양한 문서를 접하여 문서이해의 구체적인 절차에 따라 문서이해능력을 키우기 위해 수없이 연습해야 한다.

1. 문서의 목적을 이해하기

▼

2. 문서가 작성되게 된 배경과 주제를 파악하기

▼

3. 문서에 쓰인 정보를 밝혀내고, 문서가 제시하고 있는 현안문제를 파악하기

▼

4. 문서를 통해 상대방의 욕구와 의도 및 내게 요구되는 행동에 관한 내용을 분석하기

▼

5. 문서에서 이해한 목적 달성을 위해 취해야 할 행동을 생각하고 결정하기

▼

6. 상대방의 의도를 도표나 그림 등으로 메모하여 요약, 정리해 보기

|그림 2-2| 문서이해의 구체적인 절차

출처: 한국산업인력공단(2016). 대인관계능력 학습자용 워크북.

04 문서이해를 위해 필요한 정보 획득 및 수집

첫째, 주어진 문서를 이해했다 하더라도 그 내용을 모두 기억하기란 불가능하다. 따라서 우리가 알아야 하는 내용만 골라 정보를 획득하고 수집하여 종합하는 능력을 길러야 한다.

둘째, 다양한 문서를 읽고 구체적인 절차에 따라 이해하여 정리하는 습관을 만들어 문서 이해능력과 내용 종합능력을 키워 나가는 노력이 필요하다.

셋째, 책이나 업무 관련 문서를 읽고 나만의 방식으로 소화하여 작성하는 능력을 길러야 한다.

05 문서이해를 위한 논리적 사고

문서를 빠르고 정확하게 이해하기 위한 절차를 알았다면 그다음은 문서를 이해하는 기법에 대한 능력을 키우기 위한 연습이 필요하다.

1) 요약

요약은 말이나 글의 요점을 잡아서 간추리는 것, 즉 글을 읽거나 들은 내용의 중심 내용을 파악하고 그 내용을 오래 기억·보존하기 위해서 필요한 작업이다. 문서를 요약하는 과정으로는 문서의 요약 → 요점 → 핵심 키워드 도출로 문서의 양은 줄이고 내용을 정리한다.

단, 정리할 때 중요한 메시지는 정확하게 기록한다.

사례 2

SNS 활용 추세를 통한 청소년 대상 광고 대책

세계 최대의 SNS인 ○○○○에 접속한 사람이 2개월 연속으로 감소했다고 합니다. ○○○○의 인기가 시들해진 이유로 인터넷에 익숙한 10대 청소년들이 ○○○○은 어른들의 공간으로 보고 자신들의 성향과 맞지 않다고 느끼기 때문인 것으로 분석되었습니다. 또한 새로운 SNS의 출현을 들었습니다. 텍스트 위주의 SNS에서 보는 SNS에 대한 관심이 늘어나고 있습니다. 그리고 SNS 광고 효과나 비즈니스 모델에 대해 시장의 의구심이 여전하다는 분석입니다.

출처: 한국산업인력공단(2016). 대인관계능력 학습자용 워크북.

활동 2

[사례 2]의 글은 한 광고회사에서 회의를 통해 내려진 결론을 정리한 글이다. 이를 읽고 이 회의에서 논의된 중요한 메시지를 세 가지 적어보자.

1. ____________________

2. ____________________

3. ____________________

2) 정보 분해

정보 분해를 할 때는 문서에서 제시하는 다양한 정보를 논리적으로 분석하는 기법으로 MECE(Mutually Exclusive Collectively Exhaustive) 원리를 활용한다. MECE는 논리적 분석과 사고에 꼭 필요한 사고 체계이다. 이 사고 체계는 어떤 주제나 문제를 다룰 때 중복이나 누락 없이 완전하게 접근해야 함을 의미한다. 간단히 말해, 이것은 정보나 데이터가 가·감 없이 완벽하게 처리되도록 도와주는 방식을 나타낸다.

문서를 이해할 때 겹치지 않으면서도 빠짐없이 정보를 파악하고 각 항목들이 상호 배타적으로 결합될 때, 완전히 전체를 이루도록 정보를 분해하는 방법을 활용하면 더욱 효과적인 문서이해와 논리적 사고에 도움이 된다.

사례 3

홈쇼핑 상품 마케팅 분야의 팀원이고 상품 매출 현황을 분석하여 보고하는 경우

"전무님, 저의 상품 매출현황을 아래와 같이 분류해서 분석하였습니다."
1. TV 2. 인터넷 Mall 3. 이미용 4. 생활

출처: 박혁종(2014). 문서작성의 기술.

4가지 기준에 있어서, MECE의 기준이 성립되는가?

TV와 인터넷 Mall은 상품 판매의 경로이며, 이미용, 생활은 상품의 영역으로 분류된다. 즉, 4개의 분류 기준이 서로 MECE적이지 못한 상태이면서, 불완전한 분석이 일어난다. 판매채널을 기준으로 매출을 분석한다면 'TV/인터넷 Mall/카탈로그/기타' 이러한 동일한 기준으로 MECE적인 접근을 했어야 한다.

활동 3

상품 판매율이 저조한 이유를 조사하여 분석하여 보고하는 경우

"상무님, ○○상품 반품률이 높은 이유를 분석해 보았습니다. 반품률이 높은 이유는 크게 8가지로 구분해서 세부사항을 분석했습니다."

1. 방송의 문제
2. 상품의 문제
3. 쇼호스트의 문제
4. 설명의 문제
5. 멘트의 문제
6. 방송 편성시간의 문제
7. 택배/전달의 문제
8. 고객의 문제

출처: 박혁종(2014). 문서작성의 기술.

8가지 기준에 있어서, MECE의 기준이 성립되는가? 성립되지 않는다면 성립되게 다시 보고하시오.

3) 구조화

문서를 정리할 때는 서론(Summary) - 본론(Detail) - 결론(Summary)의 순서로 정리한다. 서론은 문서의 대전제를 이해하는 요약 단계이다. 이 단계는 문서의 전체적인 모습을 보는 과정으로 큰 그림에 대한 이해가 필요하다.

본론은 문서의 세부사항을 이해하는 단계이다. 이 단계는 구체적이고 논리적인 근거를 찾는 과정으로 전체에서 세부적인 부분을 살펴야 한다.

결론은 문서의 마지막 요약 작업을 하는 단계이다. 이 단계는 전체 내용을 요약하는 부분으로 핵심 키워드와 주제를 뽑는 과정이 필요하다.

사례 4

프린터 교체 의견

- 회사 전체의 프린터가 낡고, 컬러 프린터가 되지 않아 업무 효율성이 저해되었지만, 예산 반영이 되지 않아 교체가 이루어지지 않음
- 프린터 노후화에 따른 제안 PT 작성이 어려우며, 잔고장으로 정비 소요비용이 많이 들어감
- 외부업체에 제본요청으로 인해 비용이 과다하게 소모되며, 업무시간이 늘어남
- 최근 프린터 및 토너 대여업체가 많이 증가하여 공개 입찰을 통해 프린터를 구입할 경우 비용 감소가 가능함
- 최근 신규 프린터 구입 예산이 반영되어 구입 가능성이 충분함

출처: 한국산업인력공단(2016). 대인관계능력 학습자용 워크북.

활동 4

위의 글은 한 회사의 프린터 교체에 대한 의견을 개진한 글이다. 이를 읽고 서론(Summary), 본론(Detail), 결론(Summary)을 찾아 작성해 보자.

[서론]

[본론]

[결론]

학습 성찰

학습한 내용 중 본인의 생활에 적용 가능한 내용과 적용 계획을 작성해 보자.

평가내용	자가진단				
	1	2	3	4	5
다양한 문서의 종류에 대해 설명할 수 있다.					
문서를 통한 의사소통의 목적을 설명할 수 있다.					
문서를 종합하고 이해하는 방법을 설명할 수 있다.					

내용	적용

학습평가

1. ＿＿＿＿＿＿란 제안서, 보고서, 기획서, 편지, e-mail, 팩스, 메모, 공지사항 등 글로 구성된 것을 말한다. 사람들은 일상생활에서는 물론 다양한 직업현장에서 다양한 ＿＿＿＿＿＿을(를) 자주 사용한다. 그리고 이런 ＿＿＿＿＿을(를) 통하여 상대방에게 효율적으로 의사를 전달함으로써 자신의 의사를 상대에게 설득하고자 한다.

2. ＿＿＿＿＿＿란 직업현장에서 자신의 업무와 관련된 인쇄물이나 기호화된 정보 등 필요한 문서를 확인하여 문서를 읽고, 내용을 이해하고 요점을 파악하는 능력이다.

3. 우리는 직장생활에 있어 자신에게 주어진 각종 문서를 읽고 적절히 이해하여야 하며, 각종 문서나 자료에 수록된 ＿＿＿＿＿을(를) 확인하여, 알맞은 ＿＿＿＿＿을(를) 구별하고 비교하여 통합할 수 있어야 한다. 또한 문서에서 주어진 문장이나 ＿＿＿＿＿＿을(를) 읽고 이해하여, 자신에게 필요한 행동이 무엇인지 추론할 수 있어야 하며, 도표, 수, 기호 등도 이해하고 표현할 수 있어야 한다.

4. 수많은 직업이 있고, 그에 따라 각 분야에서 이해해야 하는 문서의 종류도 다양하다. 다양한 문서를 얼마나 빨리 이해하고 능숙하게 업무를 처리하느냐가 업무의 ＿＿＿＿＿에 상당한 영향을 미치기 때문에 자신에게 필요한 문서가 무엇인지 파악하여 그에 요구되는 능력을 키워야 한다.

5. 직장인은 주어진 문서를 빠르고 정확하게 이해하기 위해서 문서를 이해하는 구체적인 절차를 알고, 다양한 문서를 접하면서 문서이해의 구체적인 ＿＿＿＿＿＿＿에 따라 문서이해능력을 키우기 위해 부단히 연습해야 한다.

6. 다음 문서의 종류와 이와 관련된 작성법을 서로 연결하여 보자.

보고서 •	• 업무상 진행과정에서 작성하므로, 핵심 내용을 구체적으로 제시한다.
설명서 •	• 상대에게 어필해 상대가 채택하게끔 설득력 있게 작성한다.
	• 궁금한 점에 대해 질문 받을 것에 대비한다.
기획서 •	• 명령문보다 평서형으로, 동일한 문장보다는 다양하게 표현한다.
	• 마지막엔 반드시 '끝' 자로 마무리한다.
공문서 •	• 내용이 복잡할 경우 '–다음–' 또는 '–아래–'와 같은 항목을 만들어 구분한다.

7. 문서를 작성해야 하는 상황과 관련한 설명에서 (A), (B)에 각각 들어갈 적절한 용어를 적어보자.

> 요즘은 직장 업무나 개인 간의 연락도 대부분 (A)로 하고 있다. (A)는 종이 문서에 비해 쉽게 써지고 빠르게 전달된다. 이런 장점 때문에 직장에서는 부서 내에서나 거래처 간에 하루에도 수차례 (A)를 사용한다. 요즘은 (A)로 (B)까지 오간다. (B)는 특정일에 관한 현황이나 그 진행 상황 또는 연구 · 검토 결과 등을 보고하고자 할 때 작성하는 문서를 가리킨다. 업무상 진행과정에서 작성하므로, 핵심 내용을 구체적으로 제시한다.

(A) ______________________

(B) ______________________

출처: 한국산업인력공단(2016). 대인관계능력 학습자용 워크북.

CHAPTER 03

문서작성능력

일반목표

직장생활에서 경험하게 되는 다양한 상황과 목적에 따라 다양하게 요구되는 문서를 파악하고 작성하는 능력을 기른다.

세부목표

1. 문서작성의 중요성을 설명할 수 있다.
2. 상황, 종류 등에 따른 문서작성을 할 수 있다.
3. 사례 및 활동을 통한 문서표현을 시각화할 수 있다.

주요용어

문서작성의 중요성, 문서작성 고려사항, 문서작성법, 문서표현 시각화

미리보기

직장인 M씨는 자주 동료들로부터 다른 사람의 이야기를 흘려듣거나 금방 잊어버린다는 이야기를 많이 들어 어떤 일을 하든 간에 늦거나 잘못하는 경우가 많았다. 그리고 같은 일을 했음에도 불구하고 남들보다 남겨진 자료가 별로 없는 것을 발견하였다. 그래서 M씨는 항상 메모하고 기억하기 위해 노력하기로 결심하고 이를 실천에 옮겼다. 그 후 M씨는 회의시간에는 물론이고, 바이어나 고객사 사람들을 만날 때, 공문서를 읽거나 책을 읽을 때 역시 메모를 하려고 열심히 노력했다. 처음에는 메모가 귀찮기도 하고, 쉽지 않아 다른 사람은 어떻게 정리하고 작성하는지 관찰하는 것을 시작으로 언제 어디서든 메모하였다. 메모를 하다 보니 자신만의 방법을 터득하게 되었는데, 글자로만 메모를 하는 것이 아니라 기호와 자신만의 암호를 정해 더욱 간단하고 신속하게 메모할 수 있었으며, 시간이 지난 뒤에도 알아보기 쉽도록 중요한 사항은 한눈에 띄도록 메모하였다. 그리고 메모한 내용과 관련 자료를 주제별로 분리하고 문서 보관 상자에 넣어 자신만의 데이터베이스를 만들기에 이르렀다. 이후 갑작스레 보고서를 작성한 일이 생겼는데 모아둔 메모와 자료를 바탕으로 쉽게 처리할 수 있었고, 기존의 메모에 새로운 생각이 더해져 더욱 풍부한 자료가 되었다.

출처: ncs.go.kr의 한국산업인력공단 NCS 학습모듈.

01 문서작성의 개념과 구성요소

직장인에게 글을 쓰는 행위는 또 다른 대화 방법이다. 우리는 글쓰기를 통해 자기 생각을 보다 구체적이고 논리적으로 정리하여 표현할 수 있다. 직장인에게 있어 글쓰기는 주로 직장생활에서 업무와 관련된 문서작성을 이야기하는 경우가 많다. 개인적인 e-mail뿐만 아니라 e-mail을 통한 업무보고가 당연시되는 시대가 되면서 직장인들은 자기 생각을 논리 정연하게 표현해야 하는 문서작성이 더욱 절실하게 되었다.

1) 문서작성의 개념과 중요성

문서란 제안서 · 보고서 · 기획서 · 편지 · 메모 · 공지사항 등 글로 구성된 것을 말한다. 사람들은 일상생활에서는 물론 직장생활에서도 다양한 문서를 자주 사용한다. 하지만 직장에서 문서작성은 업무와 관련된 일로 조직의 비전을 실현시키는 생존을 위한 것이라 할 수 있다. 그렇기 때문에 직장인으로서 문서작성은 개인의 의사표현이나 의사소통을 위한 과정으로서의 업무일 수도 있지만 이를 넘어 조직의 생존이 걸린 중요한 업무이기도 하다.

문서작성이란 목적과 상황에 적합한 문서를 작성하는 능력을 말하며, 개인의 사고력과 표현력이 총동원된 결정체이다. 따라서 문서작성 시에는 대상과 목적, 시기가 고려되어야 하며 특히 기획서나 제안서 등의 경우에는 기대효과 등이 포함되어야 한다. 문서는 왜 작성해야 하며 문서를 통해 무엇을 전달하려는지 명확히 결정한 후에 작성한다.

2) 문서작성의 구성요소

직장인이 작성하는 문서는 치열한 경쟁상황에서 상대를 설득하거나 조직의 의견을 전달하는 기능을 하는 공적인 문서이다. 그러므로 내용이 길고 중구난방식으로 나열해서는 안 되며, 일관적이며 통일성을 갖추고 전체 흐름이 일목요연한지, 객관적인 근거가 정확한지, 핵심 사항이 정확한지를 확인해야 하며, 다음 5가지를 갖추어야 한다.

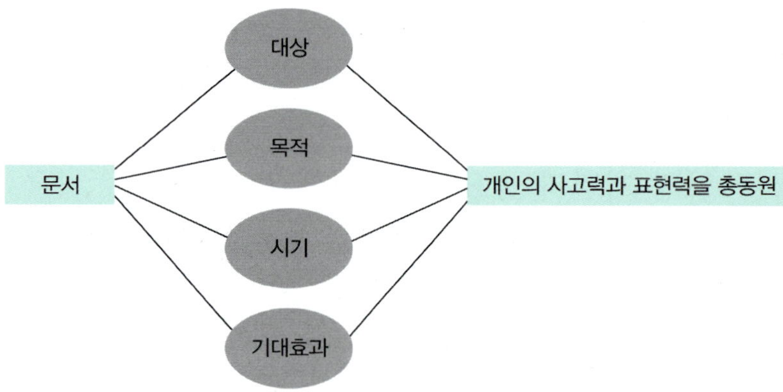

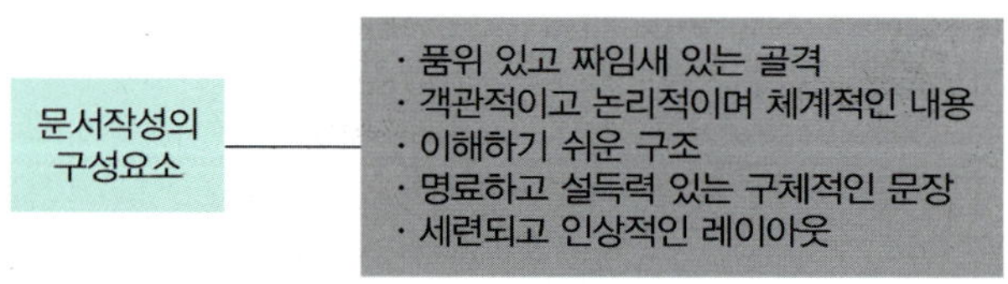

| 그림 2-3 | 문서작성 구성요소

출처: ncs.go.kr의 직업기초능력.

사례 1

출처: 한국산업인력공단(2016). 대인관계능력 학습자용 워크북.

활동 1

[사례 1]의 내용은 일상생활에서 문서작성의 중요성을 강조한 사례이다. 위의 만화를 보고 효과적인 문서작성을 위해 갖추어야 할 점들을 나열해 보자.

1. ______________________________

2. ______________________________

3. ______________________________

02 문서작성 원리

문서를 작성하는 데 있어서 가장 큰 장애물을 꼽으라면 '처음부터 너무 잘 쓰려는 부담감'을 들 수 있다. 대부분의 사람들이 '쓰기를 망설인다. → 그냥 무작정 쓴다. → 마음에 안 들면 지운다. → 다시 쓴다.' 이러한 과정을 반복하다가 시간이 임박해서 대충 문서를 작성하고 있다. 이것은 문서를 처음부터 잘 써야 한다는 생각을 갖고 있기 때문에 발생하는 과정이다. 또한 어떤 내용을 쓰다가 적절한 단어나 표현이 떠오르지 않으면 내내 고민한다. 이 과정을 거쳐 성공적인 문서를 작성하기 위해서 비즈니스 문서작성 원리를 알아보면 다음과 같다.

1) 정확성

직장생활에서 문서는 작성자 본인이 전달할 내용이 있는 경우와 외부 요청을 받아서 작성하는 경우로 나뉜다. 회사에서 대부분의 문서는 외부 요청에 의해 문서를 작성하는 경우가 많다. 외부 요청에 의해 문서를 작성할 때 가장 먼저 확인해야 할 사항은 '정확성'이다. 정확성이란 '내용이 명확해서 누구나 정확하게 이해할 수 있는 상태'를 의미한다.

예를 들면, '철수는 울면서 떠나는 영희를 배웅 나갔다.'라는 문장이 있다. 여기서 울고 있는 사람은 누구일까? 철수가 우는 걸까? 아님 영희가 우는 걸까? '울면서'라는 단어가 철수의 서술어인지 또는 '떠나는'의 수식어인지 명확하지 않기 때문에 어떻게 보는가에 따라 전혀 다른 사람이 울고 있는 것으로 해석할 수 있다. 이것은 개념화가 이루어지지 않은 비개념화된 상황이다. 비개념화된 지시나 요청을 받고 문서를 작성할 경우 지시자의 의도와 목적이 전혀 다른 내용으로 작성될 가능성이 크다.

목적을 정확하게 인식한 후 글을 쓸 때 내가 상대방에게 얻기 위한 것을 중점으로 설명할 수 있으며 접근 방법에 대한 전략을 세울 수 있다. 또한 문서를 일관성 있게 작성할 수 있으며 다 작성했다면 내가 원하는 목적으로 잘 표현했는지 검토해 보면서 목적이 명확하게 문서를 작성할 수 있다.

개념화를 가지고 목적에 맞게 작성한 문서는 결론에서 상대방에게 무엇을 요청할 것인가를 포함한 글로 마무리를 해줘야 한다. 결론적으로 문서작성자는 자신이 무엇을 요청할 것인지를 염두에 두고 상대방에게 자신의 요청 상황을 놓치지 않도록 명확하게 문서를 작성해야 한다. 따라서 문서작성 시에는 5W2H를 원칙으로 하며 객관적으로 표현을 해야 한다.

| 표 2-2 | 5W2H

구분	내용
Who	보고받는 주체를 파악
When	마감기한 파악
Where	관련 자료 조사
What	문서가 전달하려는 주요 내용
Why	문서를 만드는 이유 파악(분석, 보고, 요청, 설득, 감사, 설명)
How	이해하기 쉬운 보편성 있는 단어 및 문장 사용, 판독 용이성, 객관적 숫자를 활용, 적정한 문장 길이 및 맞춤법 확인, 책임 범위 명시, 결제 시스템 파악
How much	얼마의 예산을 필요로 하는지 파악

출처: 박혁종(2014). 문서작성의 기술.

2) 간결성

맛있는 요리를 만들기 위해서는 좋은 재료를 고르는 것이 중요하다. 신선하고 좋은 재료를 사용한다면 맛있는 요리를 만들 가능성이 커지기 때문이다. 동시에 신선하고 좋은 재료를 어떻게 조리해서 음식의 맛을 최적화할 것인가에 대한 이해가 필요하다. 좋은 정보를 가지고 설득력 있는 문서를 만드는 것도 마찬가지다. 어떤 정보가 좋은 정보인지 설득력을 더할 수 있는 정보는 어떤 특징을 지니는지 그리고 이런 정보들이 어떠한 원칙을 가지고 접근해야 하는지 이해해야만 상대방을 설득할 수 있는 좋은 문서를 작성할 수 있다. 문장을 작성할 때는 문장의 중복어를 줄이고 문장의 겹말을 피해야 하며, 글을 쓸 때 짧게 끊어서 중요한 요점이나 단어를 나열하는 방식의 개조식 문장을 사용한다.

개조식 문장에는 불필요한 조사, 접속사, 접미어, 형용사 등을 최대한 배제한다. 또한 짧은 지면에 최대한 많은 내용을 담되 눈에 쉽게 들어오도록 글자 크기와 여백, 한 장에 들어가는 줄 수를 제한해 작성한다.

예시

정부는 올 초 냉해로 인해 충청도 지역의 배추 출하량이 전년에 비해 부진하였으나 본격적으로 다가오는 김장 시즌 전까지는 평년 수준을 회복할 것으로 전망했다.

⇨ 정부 금년 충청지역 배추 출하 부진 전망

3) 구조화(설득력)

우리는 상대방과 효과적인 의사소통을 위하여 말과 문서를 사용하고 있다. 말하는 사람은 자신의 메시지를 상대방에게 이해시키는 것이 목적이고, 문서를 작성하는 사람 역시 자신의 메시지를 문서라는 형식을 통해 전달하고자 하는 목적을 가지고 있다. 즉, 의사소통을 위한 말과 문서의 목적은 '상대방이 이해하기 쉽게 메시지를 전달'하는 것이며 상대방이 이해하기 쉽게 메시지를 전달할 의무가 있다.

로빈스(Robbins)의 이론에 의하면 메시지의 생성과 전달 사이에는 다음과 같은 4단계가 있다.

- 1단계: 메시지가 생각으로 정리된다(encoding).
- 2단계: 생각이 말/글의 '매개'를 통해 변환된다(channel).

- 3단계: 말/글의 '매개'를 청자 또는 독자가 해석한다(decoding).
- 4단계: 해석한 내용을 이해한다(understanding).

구조화란 문서를 작성할 때 상대방이 이해하기 쉽게 정리하는 단계이다. 구조화는 자기 생각이 잘 전달되고 있는지 검토할 수 있도록 도와주며, 상대방이 내용을 오해하지 않고 이해하는 데 도움을 준다.

결국, 문서작성은 정확한 사실을 바탕으로 해서 문서를 써야 하고, 그 문서를 다 쓴 후에는 압축해서 요약하거나 최종적으로 남들을 설득할 수 있도록 표현해 주는 것이 매우 중요하다. 그렇기 때문에 문서를 다 쓴 후에는 그 문서가 정확한지, 간결한지, 설득력이 있는지 검토해 보는 작업을 반드시 거칠 필요가 있다.

사례 2

대리점 매출 향상을 위한 판매촉진 기획안을 작성한다면?

- 대학교 앞에 위치한 화장품 판매 대리점이다.
- 이 화장품 판매 대리점은 대학생, 특히 여자 대학생에 대한 판매를 순조롭게 진행하고 있다. 그런 가운데 신제품으로 '맑은 피부'가 출시되었다. 경쟁사들의 타 제품보다 1만 원이나 저렴하고 신세대 감각을 살린 콤팩트한 포장 스타일이다. 또한 고객의 피부 타입에 따라 5가지 중에서 선택할 수 있다.
- 이 대리점에서는 연간 매출 목표를 달성하기 위하여 금번 '맑은 피부' 제품을 상반기의 주력 제품으로 삼고 독자적인 '판매촉진 기획안'을 만들기로 했다.
- 우선 기획 회의를 통해서 기획의 개요가 결정되었다. 타깃은 여자 대학생이고, 대리점 앞에서 이벤트 개최를 구상 중이다. 주요 내용은 화장품에 맞는 이미지 미인 찾기, 피부 타입 맞추기 등 행사를 통해 선물을 제공할 계획이다.
- 예산은 600만 원으로 1월 말까지 준비를 완료하고 1개월간 이벤트를 실시할 예정이다.

출처: ncs.go.kr의 한국산업인력공단 NCS 학습모듈.

활동 2

[사례 2]의 내용은 어느 회사의 기획안 작성을 위한 회의록 사례이다. 위의 글을 읽고 5W2H 원칙에 해당되는 내용을 작성해 보자.

1. What ______________________________

2. Why ______________________________

3. Who ______________________________

4. Where ______________________________

5. When ______________________________

6. How ______________________________

7. How much ______________________________

실습

1. 조선 후기의 문신, 실학자 다산(茶山) 정약용이 지방 관리들의 폐해를 없애고 지방 행정의 쇄신을 위해 옛 지방 관리들의 잘못된 사례를 들어 백성들을 다스리는 도리를 설명하였다. 이 책의 명칭을 검색하시오.

2. 국민연금관리공단은 국민의 노령, 질병 등으로 인한 장애 또는 사망 등으로 소득의 상실 및 중단 시에 연금급여를 실시함으로써 국민의 생활안정과 복지증진에 기여함을 목적으로 한다. 국민연금관리공단의 홈페이지 주소를 검색하시오.
   • 주소 :

3. 지하철 3호선을 타고 경복궁에 가려고 한다. 내려야 할 지하철 역명과 출구 번호를 검색하시오.
   • 지하철 역명: ______________, 출구 번호: ___________

4. 1969년 제정된 이후 40년 만에 새롭게 바뀌는 제주도기는 제주의 심벌마크인 'JEJE'를 응용한 것으로 환태평양의 청정한 제주 바다와 푸른 녹원인 영산 '한라산', 국제자유도시로 부상하는 21세기 비전을 형상화했습니다. 이 이미지를 검색하여 문서에 삽입하시오.

5. 청정 양구의 건강 산채를 지향하는 '산채로'는 자연이 살아 숨 쉬는 산지의 싱싱한 산채라는 기본적인 의미를 갖고 있는 양구군의 산채로 캐릭터를 검색하여 문서에 삽입하시오.

03 문서작성법

직장생활에서 문서는 목적과 상황에 따라 다양하게 필요하며 각각 의미도 다르다. 예를 들어, e-mail은 극히 개인적인 의사소통 수단이지만 회사 업무 보고서나 고객에게 보낼 때는 업무의 연장선이 된다. 이렇듯 상황과 목적에 맞는 문서의 종류는 다양하므로 그에 따라 적절한 문서를 작성하고 제시하는 능력이 꼭 필요하다.

직장에서 업무는 대부분 문서에 의해 이루어진다. 문서는 어디까지나 자기 생각을 상대방에게 정확하게 전달하기 위한 것으로 '읽게 해주는 것'이 아니라 '읽어주기를 바라는 것'이어야 한다. 따라서 내가 어떤 생각을 전달할 필요가 있을 때 작성하는 것이 문서이므로 직장생활에서 다양한 문서작성의 상황과 마주하게 된다. 문서작성을 해야 하는 상황과 목적을 정확히 파악해 보고, 개인이 수행하는 업무를 돌아보며 어떤 종류의 문서를 작성해야 하는지 알아보자(한국산업인력공단, 2016).

1) 상황에 따른 문서작성법

직장생활에서 요구되는 문서는 상황에 따라 내용이 결정되고 내용에 따라 문서의 성격이 달라지며 그에 따라 구성도 변한다.

① 요청이나 확인을 부탁하는 경우

업무를 추진하다 보면 업무 내용에 대한 요청이나 확인을 요구해야 할 때가 있다. 특히, 부서 내외에도 사소한 업무라도 다른 부서 차원이나 회사 차원으로, 더 나아가서는 외부기관이나 단체에 확인이나 요청을 요구해야 하는 일도 생기기 마련이다. 이때는 대개 공문서 형식으로 작성하며 공문서는 공식적인 문서를 의미하는 만큼 일정한 양식과 격식을 갖추어 작성하여야 한다.

② 정보 제공을 위한 경우

직장생활 중 회사 차원이나 대외적으로 추진하는 일은 정보를 제공해야 성사가 되는 경우가 많다. 자신과 부서에 대한 정보뿐만 아니라 행사를 개최하거나 제품을 개발했을 때에는 반드시 정보를 제공해야 한다. 일반적으로 회사 자체에 대한 인력 보유 홍보나 기업 정보를 제공하는 경우가 있는데, 이때에는 홍보물이나 보도자료 등의 문서가 필요하다. 또한 제품이나 서비스에 대해 정보를 제공해야 할 경우, 설명서나 안내서와 같은 문서가 필요하다. 정보 제공을 위한 문서를 작성할 때, 시각적인 자료의 활용이 더 유익하다. 더불어, 정보 전달 문서는 신속하게 정보를 전달하는 것이 중요하므로 빠르고 정확하게 작성하여 배포하는 것이 효과적이다.

③ 명령이나 지시가 필요한 경우

직장생활을 하다 보면 관련 부서나 외부기관, 다른 단체에 명령이나 지시를 내려야 하는 일들이 간혹 있다. 보통은 업무 지시서 등을 작성하는데 이때 어떤 내용을 어떤 식으로 명령하고 지시할지를 분명하게 해야 한다. 명령이나 지시는 요청하거나 협조를 구하는 차원이 아니라, 업무를 진행하기 위해 꼭 필요한 문서이어야 한다.

④ 제안이나 기획을 할 경우

일을 하다 보면 업무에 대해 제안을 하거나 기획을 해야 할 때가 생긴다. 업무를 개선하고 어떤 방향으로 나아가야 할지에 대한 의견을 제시하는 것은 중요한 일이다. 회사의 주요 행사나 업무를 추진할 때 대부분 제안서나 기획서를 작성한다. 제안이나 기획을 위한 글에는 전문적인 내용을 정확하게 담아내야 하므로 종합적인 판단과 예측적인 능력이 필요하다.

⑤ 약속이나 추천을 위한 경우

어떤 프로젝트나 계획을 추진할 때, 때로는 약속이나 사람, 제품을 추천하는 문서를 작성해야 하는 경우가 있다. 약속서*는 고객이나 소비자에게 제품의 이용에 대한 정보를 제공할 때 사용되며, 추천서는 개인이 다른 회사에 지원하거나 이직할 때, 또는 특정 행사에 적합한 제품을 제안하거나 상대방이 제품의 성능을 잘 모를 때 작성한다.

2) 목적에 따른 문서작성법

① 관공서에서 추진하는 사업에 참여한 경우

관공서에서 추진하는 사업에 참여하기 위해 문서를 작성하는 경우 관공서에서 제시하는 요구 조건을 면밀히 검토해야 한다. 제안 요청서는 관공서에서 특정 목적을 달성하기 위해 요구하는 것이므로 충분히 검토하여 관공서의 요구 조건을 충족시켜 문서를 제출해야 한다.

② 기업에서 발주하는 사업에 참여할 경우

최근 많은 기업들이 자사의 모든 제품을 다 생산하는 것이 아니라 하청업체를 통해 제품을 생산하고 있다. 자사 제품을 설계만 하고 모든 것을 하청업체에 맡기는 대표적인 기업이 아이폰을 생산하는 Apple사이다. 이처럼 많은 기업에서 발주하는 사업에 참여하고자 하는 경우에는 제품의 신뢰도와 납입기일, 회사의 역량 등을 종합적으로 고려하여 여러 차례 회의와 검토를 거쳐 참여해야 한다. 그 과정에서 회의록과 참여 이유, 수익률 등 종합적인 내용을 문서로 작성하여

---

* 약속서는 어떤 사람 또는 당사자 간의 약속 또는 협정을 기록한 문서이다. 법적인 효력이나 강제력은 없지만 상호 간의 약속을 기록하고 신뢰를 구축하기 위해 사용된다.
계약서는 법적으로 구속력이 있는 문서이다. 둘 이상의 당사자 간의 법적인 의무와 권리를 명시한다. 이 문서는 특정한 조건과 약점을 포함하며 이를 이행하지 않을 경우 법적 제재가 따른다.

보관해야 한다.

사례 3

물품 주문서

주문자: ○○ 산업 재무팀 (TEL. 02-123-4567)
수신인: □□ 문구점 (TEL. 031-123-6789)
주문일: 20△△년 3월 24일

아래 제품 구매를 의뢰하오니 조치하여 주시기 바랍니다.

품명	사이즈	색상	수량	단위	단가	총액	비고
테이프	46㎜×40㎜	노란색	25	ⓐ	1,500	37,500	
노트	A4	청색	600	ⓑ	550	330,000	
색지	B4	적색	2,000	ⓒ	80	160,000	
합계						527,500	

20△△년 3월 24일
○○산업 (직인)

활동 3

○○ 산업 재무팀에 근무하는 L씨는 위와 같이 물품 주문서를 작성하려 한다. L씨가 주문서의 빈칸 ⓐ~ⓒ에 들어갈 단위를 순서대로 알맞게 쓴 것은?

① 장, 개, 권 ② 개, 권, 장 ③ 권, 개, 필 ④ 필, 권, 장

출처: 한국산업인력공단(2016). 대인관계능력 학습자용 워크북.

사례 4

김 대리님, 몸은 좀 ㉠ 괜찬으세요? 오늘 회의는 과장님이 김 대리님 없으면 ㉡ 안된다고 다음 주로 미루셨어요. 주말 푹 쉬시고 빨리 ㉢ 낳으세요.

월요일에 ㉣ 뵐게요. 대리님~

활동 4

출판회사에서 인사를 담당하고 있는 직원 K씨는 같은 부서의 상사에게 위와 같은 문자메시지를 작성하여 보내려고 한다. 문자메시지의 ㉠~㉣ 중 K씨가 수정할 필요가 없는 부분은?

① ㉠ 괜찬으세요? ② ㉡ 안된다고 ③ ㉢ 낳으세요. ④ ㉣ 뵐게요

사례 5

KIEP는 2022년 세계 경제가 2021년보다 1.3%p 하락한 4.6%(PPP 환율 기준)의 성장률을 기록할 것이라 전망했습니다. 우선, 2021년 세계 경제는 코로나19 백신 접종률이 높아지고 사회적 거리두기 강도가 완화되는 가운데 각국에서 확장적인 정책 대응을 지속함에 따라 2020년 대비 큰 폭의 반등세를 보이고 있으나, 하반기로 갈수록 리스크 요인이 부각되는 모습인데요. 2022년 세계 경제는 성장과 함께 글로벌 대전환이 진행되는 가운데, 대전환 비용 부담과 정부 예산 제약, 녹색 전환에 따른 민간에서 병목·지체 현상, 국제협력 지체와 국내 정치과정의 지연 등이 세계 경제 성장의 주요 리스크 요인으로 작용할 수 있습니다.

코로나19 위기를 기회로 삼아 경제의 체질 및 구조 변화를 꾀하기 위해서는 각국 정부의 막대한 선제적 투자가 앞으로도 최소 수년간 이뤄져야 하지만, 동시에 가집행된 확장적 재정 지출로 부담이 되는 상황인데요. 이러한 각국 정부의 적극적인 역할이 코로나19 위기로부터 상대적으로 빨리 회복하는 데 크게 기여하였으나, 위기의 정

상화 시점이 가시권에 들어오면서 성급하게 거둬들이기 혹은 구조 변화에 대한 소극적 대응은 경기 모멘텀을 훼손시킬 수 있으며, 상대적으로 재정 여력이 부족한 신흥국에서 더 큰 이슈가 될 가능성이 있습니다. 또한, 최근에는 각국 정부가 녹색경제로의 이행을 꾀하고 있지만, 코로나19 위기에 따른 급작스런 정책 환경 변화에 민간의 적응 및 준비 기간이 더 필요한 상황입니다. 이러한 위기를 극복하기 위해서는 글로벌 경제에서 가장 약한 고리를 보호하는 연대와 협력이 절실하지만, 글로벌 백신 격차에서 보듯 선진국과 신흥국 간 양극화가 매우 심각해, 주요 국제 이슈별로 국가 간 이해관계에 따라 이견이 표출되고 있는 점도 리스크 요인 중 하나입니다. 한편, 2021년 세계 교역량은 전년도 코로나19 영향의 교역 침체에 대한 반등으로 전년 대비 약 10% 증가할 것으로 전망되며, 높은 수준의 수출입 가격 상승이 동반되어 나타나고 있는데요. 이에 따라 2022년 세계교역은 코로나19 팬데믹 이전의 증가 추세로 회귀할 것으로 전망되나, 2021년의 가파른 상승세에 따른 기저효과, 서비스 교역 회복세 부진 우려, 그리고 각종 하방요인들의 영향을 간과할 수 없을 것으로 보입니다.

주요국의 10년 만기 국채금리가 미국 통화정책 정상화 관련된 신호에 민감하게 반응하며 혼조세를 보이다 최근 대체로 상승하는 모습을 보이고 있는데요. 우리나라의 국채금리는 만기별로 상이한 모습을 보이다 지난 8월부터는 동반 상승세를 시현하며 10월 들어 연중 최고치를 경신하기도 했습니다. 2022년에는 미국 연준의 테이퍼링 종료 및 금리 인상 개시 가능성에 따라 주요국의 10년 만기 국채금리는 상승할 전망입니다. 우리나라 국채금리도 미국 국채금리와 높은 상관계수를 보여 왔던 점, 국채 발행 규모 확대에 따른 수급 부담 등을 미루어 상승세를 보일 것으로 전망됩니다.

2021년 주요국의 통화 대비 미국 달러화의 가치는 2021년 하반기 들어 미 연준의 통화정책 정상화 기대로 상승하고 있으며, 미국 달러화 대비 원화 가치는 2021년 중 미 연준 통화정책 정상화 우려, 외국인 주식투자 자금 유출 등으로 약세를 보이고 있는데요. 2022년에는 미국과 주요 선진국 간 통화정책 차별화에 대한 기대로 달러화는 강세를 나타낼 전망이며, 원/달러 환율은 경제활동 재개에 따라 소폭 하락할 전망입니다. 또한, 2021년 하반기 국제유가는 백신 접종률 확대, 봉쇄완화, 공급차질 등으로 80달러 수준까지 상승하는 등 코로나19 발생 이전 수준을 회복하고 있습니다. 내년에도 원유시장의 타이트한 수급여건이 지속될 것으로 예상됨에 따라 2022년 국제유가는 올해와 비슷한 수준을 유지할 것으로 전망됩니다.

출처: 2022년 세계경제 전망 | 작성자 KIEP

활동 5

○○ 경제분석회사의 사업팀에 근무하는 P씨가 20△△년 세계경제전망 내용을 프레젠테이션 자료로 만들기 위해 보고서를 몇 개의 단원으로 나누고 소제목을 붙이려고 한다. 현재 P씨가 검토하고 있는 페이지의 소제목으로 가장 적절한 것은?

① 20△△ 세계경제전망
② 세계경제성장률
③ 국제금융시장 및 국제상품시장 분석
④ 주식투자분석

3) 종류에 따른 문서작성법

문서의 서식은 각 회사나 기관별로 고유의 양식이 있으며 그에 따라 문서를 작성하고, 만약 특정 문서의 양식이 미리 결정되어 있지 않은 경우에는 해당 분야에서 많이 사용되는 표준 양식을 따라 작성하게 된다.

① 공문서(공문서 양식 예시 221~222p 참조)

- 공문서는 회사 외부로 전달되는 글인 만큼 누가, 언제, 어디서, 무엇을, 어떻게, 왜가 드러나도록 써야 한다.
- 날짜는 연도와 월일을 반드시 함께 언급해야 한다.
- 날짜 다음에 괄호를 사용할 때에는 마침표를 찍지 않는다.
- 공문서는 대외문서이고, 장기간 보관되는 문서이기 때문에 정확하게 기술한다.
- 내용이 복잡할 경우 '-다음' 또는 '-아래-'와 같은 항목을 만들어 구분한다.
- 공문서는 한 장에 담아내는 것이 원칙이다.
- 마지막에는 반드시 '끝' 자로 마무리한다.

상황 1

- 장 소 : 배경이 되는 ㅇㅇ "사장실"
- 등장인물 : – 최고수 : 48세(남), '공감 건설'사장
  – 나지원 : 30세(여), 공감 건설에서 근무하는 디자이너

사무실. 나지원 디자이너는 최고수 사장님으로부터 업무 지시를 받고 있다.

최고수	나지원 디자이너, 요즘 사무실 이전 때문에 일이 많아져서 힘들었지?
나지원	아니요, 괜찮습니다. 일이 많아지긴 했지만, 사무실이 발전해서 더 넓은 사무실로 이전하는 것이라 절로 힘이 나는걸요.
최고수	나지원 디자이너가 그렇게 생각하고 있다니 사장으로서 너무 기쁘네요.
나지원	뭘요… 직원으로서 당연한 거죠.
최고수	이제 이사도 했고, 사무실 정리도 어느 정도 마무리가 되었으니 사무실 이전 공문을 작성해서 보내야 할 것 같아요.
나지원	사무실 이전 공문이 뭔가요?
최고수	문자 그대로 사무실의 위치가 변경된 경우 거래가 잦은 매입처, 고객 등에게 이를 알리기 위해 작성하는 공문이에요. 벌써 보냈어야 하는데… 조금 늦었으니 서둘러서 작성해서 발송해야 할 것 같아요.
나지원	네, 알겠습니다. 그럼 제가 공문을 작성해서 발송할까요?
최고수	일단 나지원 디자이너가 사무실 이전 공문 샘플부터 작성해 주세요. 그런 다음에 함께 검토하고 수정해서 발송하면 되겠네요.
나지원	작성할 때 어떤 점에 주의해야 할까요?
최고수	우선, 공문의 목적에 맞게 이전 장소와 함께 연락처 등 변경 사항을 읽는 사람이 이해하기 쉽도록 작성해야겠죠?
나지원	네, 알겠습니다. 또 다른 부분은요?
최고수	거래업체나 고객에게 발송이 되어야 하는 것이니 격식을 갖추어 작성해야 해요. 내일 오전까지 작성해서 저에게 보여 주세요.
나지원	네, 내일 오전까지 작성해서 보고 드리겠습니다.

자리로 돌아온 나지원 디자이너, 책상에 메모해 둔 메모지를 보며, 어떻게 문서를 작성해야 할지 고민하고 있다.

- 기존 사무실 주소 – 서울시 금천구 가산동 테크노마운틴 302호
- 새로운 사무실 주소 – 서울시 강남구 삼성동 아삼타워 1201호
- 전화번호 02)123–4567, 팩스 번호 02)234–5678 그대로 사용

실습 1

■ 행정 효율과 협업 촉진에 관한 규정 시행규칙 [별지 제1호서식]

행 정 기 관 명

수신
(경유)
제목

발 신 명 의 | 직인

기안자 직위(직급) 서명 검토자 직위(직급) 서명 결재권자 직위(직급) 서명
협조자
시행 처리과명-연도별 일련번호(시행일) 접수 처리과명-연도별 일련번호(접수일)
우 도로명주소 / 홈페이지 주소
전화번호( ) 팩스번호( ) / 공무원의 전자우편주소 / 공개 구분

210㎜×297㎜(백상지 80g/㎡)

② 설명서(설명서 양식 예시 229~230p 참조)

- 설명서는 상품이나 제품에 대해 설명하는 글이므로 정확하게 기술한다.
- 문장 내용은 간결하게 작성한다.
- 전문용어는 소비자들이 이해하기 어려우므로 가급적 전문용어 사용은 삼가한다.
- 복잡한 내용은 도표화한다.
- 명령문보다 평서형으로, 동일한 문장보다는 다양하게 표현하는 것이 이상적이다.

상황 2

- 제품명 : 든든한 현미국수
- 식품의 유형 : 면 – 국수류, 스프 – 복합조미식품
- 내용량 : 95g(면 85g, 스프 10g)
- 원재료 및 함량
  - 면 : 무농약 현미 98%(국내산), 정제염
  - 스프 : 멸치 20%(국내산), 다시마 10%(국내산), 고춧가루, 정제소금, 마늘분말, 생강분말, 표고분말, 간장분말 된장분말, 양파분말, 새우분말, 건미역, 건당근, 건파, 김, 대두유
- 보관 장소 : 직사광선을 피하고 서늘한 곳에 보관
- 이 제품은 계란, 메밀, 땅콩, 밀가루, 돼지고기를 이용한 제품과 같은 제조 시설에서 제조하였습니다.
- 본 제품은 공정거래위원회 고시 소비분쟁해결 기준에 의거 교환 또는 보상받을 수 있습니다.
- 부정불량식품신고는 국번 없이 1399

실습 2

ㅇㅇ유기농 식품 매장에 근무하는 K씨에게 계란 알레르기가 있는 고객이 제품 문의를 하였다. 고객이 문의한 제품에 다음과 같은 설명서가 부착되어 있을 때 K씨가 고객에게 반드시 안내해야 하는 것은?

① 조리 시에 계란을 넣지 않는다면 안전하다고 안내한다.
② 제품 조리 시 집에서 따로 육수를 우려서 사용하도록 안내한다.
③ 무농약 현미로 만들어져서 알레르기 체질 개선에 좋다고 안내한다.
④ 계란을 이용하는 제조 시설에서 만들었음을 설명하고 고객이 선택하도록 안내한다.

상황 3

■ 설치방법

1. 통풍이 잘되고 화기와 멀리 있는 장소에 프로젝터를 설치하십시오(기기 주변에 충분한 공간을 확보하지 않으면 프로젝트가 과열됩니다).
2. 전원을 연결하십시오(반드시 전용 콘센트를 사용하십시오).
3. 프로젝터가 작동하는 소리가 들릴 것입니다(정상 작동할 경우 검은 화면이 나타납니다).

■ 주의사항

1. 전원은 반드시 교류 220V에 연결하십시오(반드시 전용 콘센트를 사용하십시오).
2. 프로젝터 주변을 자주 청소하십시오(먼지나 이물질로 인해 프로젝터의 통풍구가 막힙니다).
3. 천장에 설치 시 프로젝터를 천장에 단단히 고정하십시오(프로젝터가 떨어져 고장 및 파손의 원인이 됩니다).

■ A/S 신청 전 확인 사항

현상	원인	조치방법
영상이 흐리거나 초점이 맞지 않음	스크린의 위치가 너무 가까움	스크린 영상의 초점을 조정하고 프로젝터와 스크린의 거리를 더 멀리 하세요.
	렌즈에 먼지나 얼룩이 묻음	매뉴얼을 참고하여 렌즈를 청소하세요.
프로젝터가 뜨거움	프로젝터를 지나치게 오래 사용함	프로젝터를 사용하지 않을 때에는 잠시 꺼두십시오.
	프로젝터의 통풍이 원활하지 않음	프로젝터 주변에 충분한 공간을 확보하십시오.
프로젝터에서 웅웅 하는 큰 소리가 남	프로젝터가 흔들리는 장소에 있음	프로젝터보다 크기가 넓고 수평이 맞는 책상이나 선반에 설치하세요.
	프로젝터의 통풍이 원활하지 않음	프로젝터 주변에 충분한 공간을 확보하십시오.
스크린상에 "신호 없음" 표시가 나타남	프로젝터에 연결되어 있지 않은 영상기기가 선택됨	어떤 영상기기가 선택되었는지 확인 후 연결되어 있는 영상기기로 설정을 변경하세요.
	프로젝터와 영상기기의 연결이 불량	프로젝터와 영상기기의 연결 상태를 확인한 후 영상기기의 입력신호를 바르게 선택하세요.
프로젝터 스크린상에 영상이 깜박거리며 나타남	전원 케이블 연결 불량 프로젝터의 렌즈 고장	프로젝터와 전원 케이블의 연결 상태를 점검하세요. 프로젝터의 렌즈 불량이므로 A/S센터에 연락하세요.
화면의 기본 색상이 보라색으로 출력됨	프로젝터와 영상기기의 연결이 불량	프로젝터와 영상기기의 연결 상태를 확인한 후 영상기기의 입력신호를 바르게 선택하세요.

실습 3

위의 내용은 제품설명서에 포함되어 있는 세부사항이다. ㅇㅇ기업 재무팀에서는 최근 새로운 프로젝터를 구매하였다. ㅇㅇ기업 재무팀장은 새 프로젝터를 설치하기 위해 제품설명서를 참고하였다. 재무팀장은 설치 방법에 따라 천장에 설치하기 전 미관상의 이유로 프로젝터를 플라스틱 케이스에 넣었다.

프로젝터 설치 후, 재무팀장은 프로젝터 영상에 '신호 없음' 표시가 출력된다는 것을 발견하였다.

1. 재무팀장은 프로젝터 영상에 '신호 없음' 표시가 출력되는 원인을 파악하려 한다. 다음 중 '신호 없음' 표시가 출력되는 원인을 파악하기 위해 반드시 확인해야 할 사항은?
   ① 렌즈 청결 상태
   ② 전원 케이블 연결 상태
   ③ 프로젝터와 스크린 사이의 거리
   ④ 프로젝터와 영상기기 간의 연결 상태

2. 앞 문제에서 확인한 사항이 고장의 원인이었다. 다음 중 이 원인으로 인해 추가로 발생할 수 있는 현상은?
   ① 화면이 보라색으로 출력됨
   ② 영상이 흐리고 초점이 맞지 않음
   ③ 프로젝터 영상이 깜빡거리며 나타남
   ④ 프로젝터에서 웅웅 하는 큰 소리가 남

출처: 한국산업인력공단(2016). 대인관계능력 학습자용 워크북.

③ 기획서(결재 기획서 양식 예시 241p 참조)

- 무엇을 위한 기획서인지 핵심 메시지가 정확히 도출되었는지를 확인한다.
- 기획서는 상대가 요구하는 것이 무엇인지 정확하게 알고 작성한다.
- 보통의 기획서는 분량이 많으므로 글의 내용이 한눈에 파악되도록 목차의 구성에 신경 쓴다.
- 기획서는 핵심 내용의 표현에 신경을 써야 한다.
- 내용의 효과적인 전달을 위해 표나 그래프를 활용하는 경우, 내용이 제대로 전달되었는지 확인한다.
- 전체적으로 내용이 많은 만큼 깨끗하고 산뜻한 느낌을 줄 수 있도록 작성한다.
- 기획서는 완벽해야 하므로 제출하기 전에 충분히 검토한다.
- 인용한 자료의 출처가 정확한지 확인한다.

실습 4-1

1학년 반 단합 MT 기획서를 작성해 봅시다.

제목:

1. 목적:

2. 주요 내용:

3. 참석자:

4. 세부 일정:

5. 예산:

6. 기대 효과:

실습 4-2

여러분들은 ○○○ 전기 자동차 마케팅 팀원입니다. 여러분들은 10박 12일간 전기 자동차 품질 설명을 위한 미국 출장 기획서를 작성해야 한다. 작성 후 CEO에게 결재를 받으세요.

________ 기획서

담당/대리	팀장	CEO

④ **보고서**(보고서 양식 예시 227~228p 참조)

- 업무 진행 과정에서 쓰는 경우가 대부분이고, 무엇을 전달하고자 했는지 핵심 내용을 구체적으로 제시한다.
- 보고서는 간결하고 핵심적인 내용 전달이 우선이므로, 내용의 중복은 피한다.
- 업무상 상사에게 제출하는 문서이므로, 질문 받을 것에 대비한다.
- 산뜻하고 간결하게 작성한다.
- 복잡한 내용은 도표나 그림을 활용한다.
- 보고서는 개인의 능력을 평가하는 기본요인이므로 제출하기 전에 최종 점검이 필수이다.
- 참고 자료는 정확하게 제시한다.

상황 5

- 장 소 : 해외 체인 호텔인 "그랜드 브릿지 호텔"
- 등장인물 : – 최고참: 38세(남), CS 관리팀 5년 차 차장
  – 나친절: 23세(여), CS 관리팀 3년 차 사원

호텔 CS 관리팀 사무실. 최고참과 나친절이 고객만족도 결과를 보며 대화를 나누고 있다.

최고참 나친절 씨, 이번 우리 호텔 고객만족도 결과 봤어요? 작년보다 결과가 좋지 않아 걱정이에요. 작년에 호텔 리모델링을 하면서 시설이나 환경 부문에서는 만족도가 높아졌는데 오히려 고객만족 부문이 하락했으니 빨리 대책을 세워야 합니다.

나친절 네, 차장님. 어제 부서회의에서 나온 자료를 저도 보았습니다.

최고참 그래서 이번 기회에 우리 호텔에서도 고객 만족도를 높이기 위해 다른 호텔의 사례 조사를 통해 어떤 점을 개선해야 하는지부터 파악하려고 해요.

나친절 사례조사요?

최고참 네. 고객만족에 대한 다른 호텔의 여러 사례들을 상세하게 수집해서 이를 집중적으로 조사하는 것을 의미해요. 그래서 말인데, 일단 나친절 씨가 다음 주까지 리츠칼튼 호텔의 고객만족 사례를 조사해 주세요. 리츠칼튼 호텔은 고객만족도가 가장 높은 호텔 중의 하나니까 사례 조사를 한다면 아마 참고할 점들이 많을 거예요.

나친절 그러면 구체적으로 제가 해야 할 일은 어떤 거죠?

최고참 다른 직원들도 호텔의 고객만족 사례에 대한 정보를 쉽게 파악하고 이해할 수 있도록 사례를 요약, 정리해서 보고서를 작성하는 거예요.

나친절 네, 그럼 사례를 찾아서 내용을 일목요연하게 요약, 정리해 보도록 하겠습니다.

최고참 (미소) 기대할게요~~

나친절은 리츠칼튼 호텔의 대표적인 고객만족 사례 2가지를 다음과 같이 검색했다.

리츠칼튼 호텔은 호텔업계에서 유일하게 국가품질상을 수상했을 뿐 아니라, 1990년 이후 3번이나 미국 최고의 호텔 체인으로 선정되었으며, '컨슈머 리포트'지에 의해 고급 호텔 부문에서 전체적인 고객만족도가 가장 높은 호텔로 평가되었다.

A. 어떤 사람이 뉴욕 출장길에 리츠칼튼 호텔에서 하루를 묵은 적이 있다. 그는 서양식의 푹신한 베개가 싫어서 프런트에 전화를 걸어 좀 딱딱한 베개를 갖다 달라고 요청했다. 어디서 구해 왔는지 호텔 측은 딱딱한 베개를 구해 왔고 덕분에 그날은 잠을 잘 잘 수 있었다. 다음 날 업무를 마치고 다음 목적지의 리츠칼튼에 묵게 되었다. 아무 생각 없이 방에 들어간 그는 침대 위에 전날 밤에 베던 것과 같은 딱딱한 베개가 놓여 있는 것을 보고 깜짝 놀랐다. 어떻게 뉴욕의 호텔이 그것을 알았는지 그저 놀라울 뿐이었다.
그는 호텔 측의 이 감동적인 서비스를 잊지 않고 출장에서 돌아와 주위 사람들에게 침이 마르도록 칭찬했다. 이 호텔은 모든 체인점이 항시 공유할 수 있는 고객 데이터베이스를 구축하고 있었고, 데이터베이스에 저장된 정보를 활용해서 그 호텔을 다시 찾는 고객에게 완벽한 서비스를 제공하고 있었던 것이다.

B. 객실 내 미니바에 고객이 좋아하는 브랜드의 생수가 없다. 고객이 호텔 밖으로 나가 그 브랜드의 생수를 사다 마시고 빈 병을 객실에 남겨 놓고 가면 이것을 청소계가 발견하여 내선번호로 프런트에 전화를 한다. 다음에 머물면 미니바에는 그 브랜드의 생수가 준비되어 있다.
너무 사소한 일이어서 호텔 측의 대응을 고객이 모르고 지나칠 수 있지만 이 호텔에서는 자주 들르는 단골 고객 정보를 별도로 관리한다. 가령 알레르기가 있는 고객이라면, 그 사람이 세계 어느 리츠칼튼에 묵더라도 무자극성 베이비 샴푸가 미리 놓인다.

실습 5

[상황 5]의 사례를 보고 나친절이 작성해야 하는 보고서를 작성해 보자.

작성 날짜:
작성자 이름:

1. 보고 개요

2. 현황과 문제점

■ 현재 상황(실태)
 –
 –

■ 현재 상황의 발생원인
 –
 –

3. 개선 방향

■ 여러 가지 대안
 –
 –

■ 대안 간 장/단점
 – 장점
  •
  •
 – 단점
  •
  •

4. 향후 계획

–

–

상황 6

한 인터넷 서점의 고객 상담센터에서 근무하고 있는 J씨는 배송 오류와 관련하여 아래와 같은 고객의 항의 e-mail을 받았다.

접수번호	접수일자	회원이름	배송지	서명	묶음배송 여부
12345	211201	이○○	인천시 동구 재능로 168	캠핑의 모든 것(@@출판) 북유럽풍 인테리어(**문화사) 사회혁명의 시작(!!사)	○

고객의 항의: 여기 지난번에도 한번 그러더니 또 왜 이래요? 주문하지도 않은 책이 오질 않나, 주문한 지 3일이면 온다면서 일주일이나 걸리질 않나. 이럴 줄 알았으면 그냥 서점가서 샀죠. 늦게 온 건 둘째 치고, 저 '사회혁명의 시작'은 주문 안 했거든요? 처음에 '사회혁명의 시작'도 넣었던 건 맞는데, 좀 이따가 그건 뺐다구요. 나머지 2권은 맞게 왔는데, 가격은 '사회혁명의 시작'까지 같이 계산됐을 거 아니에요. 이거 환불받으려면 어떻게 해야 돼요? 또 택배 보내고 다시 기다려야 되는 거죠? 아, 정말 귀찮아서 이거. 다시는 여기서 책 사나 봐라.

실습 6

[상황 6]의 항의 e-mail을 읽어보고, J씨가 고객에게 보내는 사과문을 작성해 보자.
(사과문 양식 예시 242p 참조)

사 과 문 **받는 사람:** **제목:**

⑤ 비즈니스 레터(비즈니스 레터 양식 예시 238p 참조)

- 고객에게 일정을 알리는 경우, 새로운 상품을 알리는 경우, 추천서를 보내는 경우 등 공문이나 보고서를 외부로 보내는 경우 사용된다.
- 독자에게 초점을 맞춰야 한다.
- 관련 있는 내용만 써야 한다.
- 모호하게 쓰지 않는다.
- 별도의 양식이 없는 경우라면 회사명이나 주소, 전화번호, FAX 번호를 기재한다.
- 날짜를 기입해야 한다.

상황 7

서식 삽입 그리기 옵션 취소 보내기

가 가 가 | 제목 1 | 실행 취소 다시 실행

보낸 사람:

받는 사람: 참조 및 숨은 참조

4월 7일(화) 14시 회의에 대한 사항

귀 대학의 무궁한 발전을 기원합니다.
메일을 보내는 이유는 다름이 아니오라 다음 주 회의에 대해 알려드리기 위해서입니다.
20**년 4월 7일(화) 14시부터 회의를 시작할 예정입니다. 장소는 ○○ 대학 본관 세미나실입니다. 지도는 아래 URL을 첨부했으니 이를 참조해 주시기 바랍니다. 이번 회의에서는 '지역과 대학 간의 협력사업 프로젝트'의 계획을 짜려고 합니다.
아무쪼록 바쁘신 와중에 꼭 참석해 주시길 바랍니다.
급한대로 용건만 말씀드리고 실례하겠습니다.

'○○대학 본관' URL: http://ooo.ac.kr

실습 7

위의 비즈니스 레터의 내용을 항목별로 정리하여 내용이 한눈에 들어올 수 있도록 다시 작성해 보자.

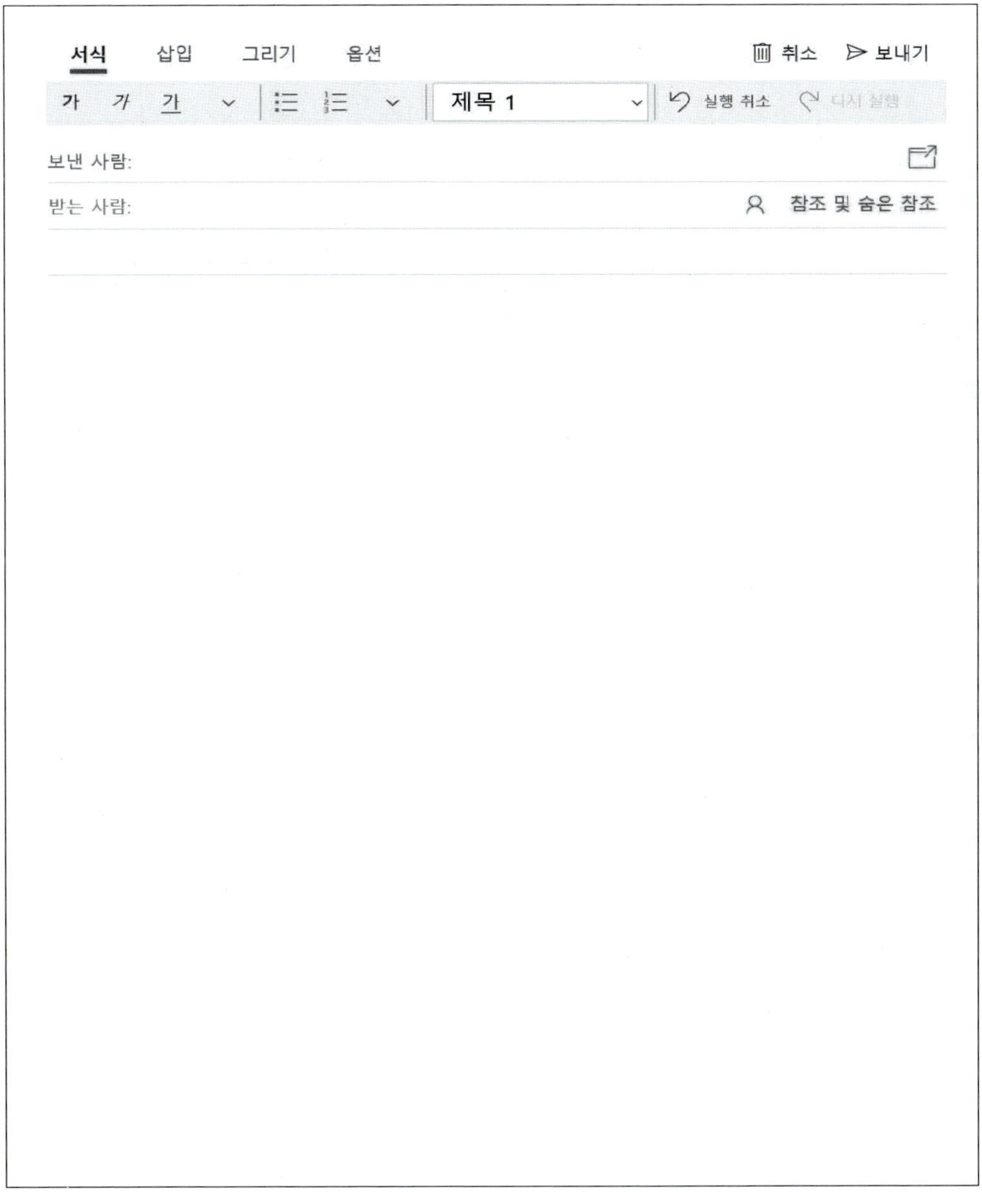

⑥ 안내문

- 직원들에게 알리고 싶은 사항이나 연락사항을 게시나 회람 등을 통해 안내하는 문서이다.
- 제목에는 '알림', '안내', '고지', '출시' 등을 표기한다.
- 안내 배경이나 취지를 설명한 다음 용건을 설명한다.
- 내용은 각 조목별로 기재하여 가독성과 이해가 쉽도록 작성한다.
- 소속과 연락처 또는 부서를 작성한다.

사례 6

가정용 저주파 치료기
'안마맨' 출시에 대한 고지

당사에서는 이번에 저주파 치료기 '안마맨'을 출시했습니다.
전국 방망이를 개량함으로써 찌릿찌릿한 통증을 없애고, 무게도 가벼워 간편하고 쉽게 운반할 수 있습니다. 또한 비용 절감을 통해 저렴한 가격을 실현했습니다.

- 품명 : 가정용 저주파 치료기 '안마맨'
- 출시: 20△△년 4월 28일
- 가격: 오픈 가격

카탈로그가 필요하시면 말씀해 주십시오. 사진도 준비되어 있습니다.
기타 사항은 개발실의 P에게 문의해 주십시오.

사례 7

신개발 · 무단계 더블 웨이브 방식 채택!
가정용 저주파 치료기 '안마맨' 출시

당사에서는 무단계 더블 웨이브 방식 저주파 치료기 '안마맨'을 출시했습니다.
이 제품은 전극 방망이를 개량함으로써 찌릿찌릿한 통증을 없앴습니다.
구형 모델과 비교해 무게를 40% 경량화하는 데 성공했으며, 운반하기도 편해졌습니다. 또한 비용 절감을 통해 소매가격으로 10~15% 가격을 인하해 부담 없이 구입할 수 있도록 했습니다.

- 품명 : 가정용 저주파 치료기 '안마맨'
- 출시: 20△△년 4월 28일
- 가격: 오픈 가격

※ 제품 사진을 첨부합니다.
카탈로그가 필요하시면 말씀해 주십시오.
기타 사항은 개발실의 P에게 문의해 주십시오.

상황 8

ㅇㅇ베이커리에서 우리 밀 100% 다이어트 빵 출시

1. 100% 우리 밀에 우리 곡물의 영양을 듬뿍 담았습니다.
2. 빵 나오는 시간에 오시면 따끈따끈한 다이어트 빵을 즐기실 수 있습니다.
3. 우리 밀 다이어트 빵 출시 기념으로 4월 28일부터 일주일 동안 20% 할인 가격으로 드립니다.

실습 8

ㅇㅇ베이커리에 근무하는 H씨는 새로 나온 우리 밀 빵을 홍보하기 위해 안내 포스터를 작성하려고 한다. 포스터에 부족한 내용을 채우려고 할 때 들어가야 할 내용으로 가장 거리가 먼 것은?

① 빵이 나오는 시간이 언제인지 적는다.
② 베이커리의 연락처를 구체적으로 적는다.
③ 우리 곡물이 무엇인지 구체적으로 밝힌다.
④ 제과점에서 판매 중인 다양한 제품에 대한 소개를 덧붙인다.

⑦ 자기소개서(자기소개서 양식 예시 234~237p 참조)

- 섹션을 나누어 작성하라.
  예) 성장과정–가족 사항–성격의 장단점 극복 방법–교내외 활동–지원 동기 및 다짐
- 각각의 큰 제목을 붙이되 강조점은 글자색이나 크기를 크게 한다.
- 1장을 넘어가지 않도록 작성하거나 넘어갈 경우 여백을 남기지 않는다.
- 벤치마킹을 하거나 작성 후 타인에게 점검받아 완성한다.
- 지원 동기 부분은 각각의 회사명을 맞추어 사용한다.

실습 9

자기소개서

ㅇㅇ회사 ㅇㅇㅇ과 지원자:

나의 강점
이 ㅇㅇ회사에서 꼭 나를 채용해야 하는 이유는?

[조직이해능력] 지금까지 학교생활 및 여러 조직에서 생활해 오면서 조직의 중요성 및 경험을 설명하여 주시고, 또한 회사에서 조직의 역할이 무엇인지 설명하십시오.

[문제해결능력] 만약 당신의 업무가 회계 담당자일 때, 계산 착오로 비용처리에 문제가 발생하였다면 어떻게 문제를 해결할 것인지 그 방법과 이유를 설명하십시오.

[의사소통능력] “K라는 직원이 업무 관련으로 고객과 대화를 나누고 있다. 그런데 고객은 이해가 되지 않는다고 방문을 했다.” 대화 중 무엇이 문제이고 어떻게 하면 해결할 수 있는지 설명하십시오.

[직업윤리] 본인이 희망하는 직업과 직무에서 직업윤리가 왜 중요한지 본인의 가치관을 중심으로 설명하십시오.

❖ 다음 두 사례에 맞는 문서작성법은 무엇이지 밝히고 그에 맞게 문서를 작성하시오.

사례 8

○○○○년 6월 9일

■ 수신 : 프로젝트 20△△ 팀원 제위

■ 발신 : 사무국 L사원

베타 사의 파견 엔지니어 능력 향상책에 대하여

엔지니어 파견업체에서 최근 비약적인 발전을 거듭하고 있는 베타 사의 엔지니어 능력 향상책의 현황에 관해 조사한 결과를 보고합니다. 베타 사의 파견 분야는 당사와는 다르지만, 높은 실적의 배경에는 파견 엔지니어의 능력 향상을 위한 시스템이 있는 것으로 알려져 있어 당사도 참고할 점이 있다고 생각합니다. 다음 주 프로젝트 회의에서는 본 보고를 기초로 당사가 배울 점에 대해 논의할 예정이므로, 사전에 한 번 읽어주시기 바랍니다. 본 보고서는 엔지니어 파견 분야의 전문가인 K증권의 애널리스트 I씨와의 인터뷰를 기초로 했습니다. 베타사의 실적 데이터는 본 보고서의 뒷부분을 참고하시기 바랍니다.

베타 사는 의욕과 기술 양면에서 엔지니어의 능력 향상을 위해 힘을 기울이고 있다. 의욕 면에서는 채용 시부터 독립 지원에 이르기까지 인재관리의 각 단계에서 엔지니어들의 의욕을 고취시키고, 기술면에서는 베테랑 엔지니어의 기술을 OJT와 OFF-JT를 통해 전 엔지니어에게 전수하고 있다.

1. 독립 지향적인 인재 채용에서 상호 계발에 의한 육성, 성과를 환원해 주는 급여체제, 독립 지원까지 인재관리의 각 단계에서 엔지니어의 기술 향상 의욕을 고취시키고 있다.
   1-1) 독립 지향적인 인재를 채용하고, 고도의 기술을 습득하면, 회사가 독립을 지원해 준다는 것을 채용 시부터 공지하여 기술 향상에 대한 동기부여를 하고 있다.
   1-2) 업무상 고민에 대해 선배가 조언해 주는 멘토 제도가 있다. 이것이 아마추어 엔지니어와 베테랑 엔지니어의 상호 개발을 촉진해 기술 향상 의욕을 높여주

고 있다.

1-3) 급여는 이익 기여도에 기초하는 수당급과 기술 평가에 기초하는 고정급이 각각 50퍼센트씩 차지한다. 성과를 눈에 보이는 형태로 환원해 주는 급여체제가 기술 향상 의욕을 높여주고 있다.

1-4) 프로 수준이라고 인정되면 업무 위탁이나 자금 원조를 통해 독립을 지원해 주고, 희망할 경우 복직도 허용한다. 장기적인 독립 지원이 프로를 목표로 하는 고도의 기술 습득에 동기부여를 해주고 있다.

2. 팀 파견제와 베테랑 엔지니어의 기술을 체계화한 연수 프로그램과 OJT 및 OFF-JT를 통해 아마추어 엔지니어가 베테랑 엔지니어의 기술을 배울 기회를 제공하고 있다.

2-1) 전 엔지니어의 특기 분야와 기술 수준을 축적한 데이터베이스를 활용하여 고도의 기술을 가진 엔지니어와 그렇지 않은 엔지니어로 팀을 편성하여 고객 회사에 파견하고 있다. 그 결과 경험이 부족한 엔지니어는 현장에서 고도의 기술을 습득할 수 있게 되었다.

2-2) 트레이닝 센터에 베테랑 엔지니어를 트레이너로 배치하고, 그들이 축적한 기술을 체계화한 연수 프로그램으로 개발·제공하고 있다. 엔지니어들은 자유롭게 수강할 수 있고, 그 내용도 실질적인 도움을 주는 것으로 평가받고 있다.

베타 사의 매출, 경상이익은 과거 5년 동안 꾸준히 증가하고 있으며, 20**년의 매출은 1,000억 원, 경상이익은 70억 원을 기록했다. 시장점유율은 28퍼센트로, 41퍼센트의 점유율을 차지하는 업계 1위인 감마 사를 추격하며 그 격차를 해마다 좁혀가고 있다. 주요 고객은 H반도체, T쇼핑몰, JJ통신사 등의 하이테크 대기업이다.

이상

자료: 데루야 하나코(2007). 로지컬 라이팅.

출처: ncs.go.kr의 한국산업인력공단 NCS 학습모듈.

사례 9

ㅇㅇㅇㅇ년 6월 9일

■ 수신 : 프로젝트 20** 팀원 제위
■ 발신 : 사무국 L사원

베타 사의 파견 엔지니어 능력 향상책에 대한 보고

엔지니어 파견업체에서 최근 비약적인 발전을 거듭하고 있는 베타 사의 엔지니어 능력 향상책의 현황에 대해 조사한 결과를 보고합니다.

베타 사의 파견 분야는 당사와는 다르지만, 높은 실적의 배경에는 파견 엔지니어의 능력 향상 시스템이 있는 것으로 알려져 있어, 당사도 참고할 점이 있다고 생각합니다.
다음 주 프로젝트 회의에서는 본 보고를 기초로 당사가 배울 점에 대해 논의할 예정이므로 사전에 읽어주시기 바랍니다.

본 보고서는 인재 파견 분야의 전문가인 K증권의 애널리스트 I씨와의 인터뷰를 기초로 했습니다. 베타 사의 실적 데이터는 뒤의 참고 정보를 참고하시기 바랍니다.

1. 조사 결과

결론- 베타 사는 의욕과 기술 양면에서 엔지니어의 능력 향상을 위해 힘을 쏟고 있다. 의욕 면에서는 채용 시부터 독립 지원에 이르기까지 인재관리의 각 단계에서 엔지니어들의 의욕을 고취시키고, 기술면에서는 베테랑 엔지니어의 기술을 OJT와 OFF-JT를 통해 전 엔지니어에게 전수하고 있다.

◎ 의욕 향상책

독립 지향적인 인재 채용에서 상호 개발에 의한 육성, 고도의 기술을 습득하면 회사에서 독립을 지원해 준다는 것을 채용 시부터 공지하여 기술 향상에 대한 동기부여를 하고 있다.

- 채용 단계: 독립 지향적인 인재를 채용하고, 고도의 기술을 습득하면 회사에서 독립을 지원해 준다는 것을 채용 시부터 공지하여 기술 향상에 대한 동기부여를 하고 있다.

- 육성 단계: 업무상의 고민에 대해 선배가 조언해 주는 멘토 제도가 있다. 이것이 아마추어와 베테랑 엔지니어 사이에 상호 개발을 촉진해 기술 향상 의욕을 높여주고 있다.
- 평가 · 보상 단계: 급여는 이익 기여도에 기초하는 수당급과 기술 평가에 기초하는 고정급이 각각 50퍼센트씩 차지한다. 성과를 눈에 보이는 형태로 환원해 주는 급여 체제가 기술 향상 의욕을 높여주고 있다.
- 독립 지원 단계: 프로 수준이라고 인정되면 업무 위탁이나 자금 원조를 통해 독립을 지원해 주고, 희망할 경우 복직도 허용한다. 장기적인 독립 지원이 프로를 목표로 하는 고도의 기술 습득에 대한 동기부여를 해주고 있다.

◎ 기술 향상책

팀 파견제와 베테랑 엔지니어의 기술을 체계화한 연수 프로그램인 OJT와 OFF-JT를 통해 아마추어 엔지니어가 베테랑 엔지니어의 기술을 배울 수 있는 기회를 제공하고 있다.

- OJT : 전 엔지니어의 특기 분야와 기술 수준을 축적한 데이터베이스를 활용하여 고도의 기술을 가진 엔지니어와 그렇지 않은 엔지니어로 팀을 편성하여 고객 회사에 파견하고 있다. 그 결과 경험이 부족한 엔지니어는 현장에서 고도의 기술을 습득할 수 있게 되었다.
- OFF-JT : 트레이닝 센터에 베테랑 엔지니어를 트레이너로 배치하고, 그들이 축적한 기술을 체계화한 연수 프로그램으로 개발·제공하고 있다. 엔지니어들은 자유롭게 수강할 수 있고, 그 내용도 실질적인 도움을 주는 것으로 평가받고 있다.

2. 참고 정보

베타 사는 매출의 70퍼센트를 차지하는 파견업을 중심으로 지속적인 성장을 이루면서 해당 업계 1위인 감마 사와 격차를 줄여나가고 있다.

- 베타 사의 매출, 경상이익은 과거 5년 동안 꾸준히 증가하고 있으며, 20**년의 매출은 1,000억 원, 경상이익은 70억 원을 기록했다.
- 시장점유율은 28퍼센트로, 41퍼센트의 점유율을 차지하는 업계 1위인 감마 사를 추격하며 그 격차를 해마다 좁혀가고 있다.
- 주요 고객은 H반도체, T쇼핑몰, JJ통신사 등의 하이테크 대기업이다.

이상

자료 : 데루야 하나코(2007). 로지컬 라이팅.

04 문서표현의 시각화

조직의 비전을 실현시키는 역할을 하는 직장의 업무 중 대부분은 문서와 관련된 일들이 많다. 그러나 수많은 문서 중 무엇을 의도하고 있는지 그 내용을 파악하기 어려운 문서가 종종 있다. 문장이 길어서 읽기가 어려울 뿐만 아니라 내용도 어렵게 나열되어 있어 전달하려는 내용을 파악하기 어렵게 만드는 것은 잘못된 표현으로 인해 발생할 수 있다. 이런 상황에서 좋은 문서란 내용을 효과적으로 전달할 수 있는 문서를 의미한다.

1) 문서표현의 시각화

문서를 구성하는 방법에는 크게 세 가지로 나눌 수 있다.

① 차트표현: 개념이나 주제 등을 나타내는 문장표현, 통계적 수치 등을 한눈에 알아볼 수 있게 표현하는 것이다.
② 데이터표현: 수치를 표로 나타내는 것이다.
③ 이미지표현: 전달하고자 하는 내용을 그림이나 사진 등으로 나타내는 것이다.

이런 표현 방법은 모두 문서를 보다 효과적으로 나타내기 위한 시각화 방법으로 간결하게 잘 표현된 그림 한 장이 한 페이지의 긴 글보다 훨씬 효과적이다.

2) 문서를 시각화하는 네 가지 포인트

① 보기 쉬워야 한다.
② 이해하기 쉬워야 한다.

③ 다채롭게 표현되어야 한다.

④ 숫자는 그래프로 표시한다.

05 문서작성 원칙과 주의사항

직장생활에서 우리는 수많은 문서를 작성하고 타인이 작성한 문서를 보게 된다. 똑같은 내용을 가진 문서라도 어떤 사람이 작성한 문서는 공감하고 알아보기 쉬운 반면, 어떤 사람이 작성한 문서는 필요한 내용은 담겨 있으나 두서없이 쓰여 있어 요점을 파악하기 어렵다. 기획서, 보고서, 회의록, 제안서 등 문서에는 종류를 막론하고 작성 원칙이 있고 주의사항이 있으므로 이를 주의하며 작성하는 능력이 필요하다.

직장에서의 문서작성은 일반 글에 비해 형식적인 면을 상당히 중요시한다. 내용 또한 일목요연하게 간단하게 전개해야 한다. 무엇보다도 개인적인 글이 아니고 직장생활에서 의무적으로 작성해야 하는 글인 만큼 정확하고 확실하게 작성해야 한다.

1) 문서작성의 원칙

① 문장은 짧고 간결하게 작성한다.

문서의 의미 전달에 문제가 없다면 끊을 수 있는 부분은 가능한 한 끊어서 문장을 짧게 만들고, 문장 표현에서 되도록 기교를 피하고 실질적인 내용을 담을 수 있도록 한다.

② 상대방이 이해하기 쉽게 쓴다.

상대방이 이해하기 어려운 글은 좋은 글이 아니므로 이해하기 쉽도록 우회적인 표현이나 현혹적인 문구는 되도록 쓰지 않도록 하여야 한다.

③ 한자의 사용을 자제해서 작성한다.

문서의 의미 전달에 중요하지 않은 경우에는 한자 사용을 자제하도록 하며 상용 한자의 범위 내에서 사용하는 것이 상대방의 문서이해에 도움이 될 것이다.

④ 간결체로 작성한다.

문서작성 시 되도록 간결체로 쓰는 것이 의미 전달에서 가장 이해가 빠르다. 적절하게 행과 단락을 나누어 문서가 난잡하게 보이지 않도록 하여야 하며, 그 내용에 따라 알맞게 행과 단락을 바꾸도록 한다.

⑤ 문장은 긍정문의 형식으로 작성한다.

부정문이나 의문문의 형식은 되도록 피하도록 한다.

⑥ 간단한 표제를 붙인다.

문서의 내용을 일목요연하게 파악할 수 있도록 간단한 표제를 붙이는 것도 상대방이 쉽게 내용을 이해하는 데 도움이 된다.

⑦ 문서의 중요한 내용을 먼저 작성한다.

결론을 먼저 쓰도록 하는 것이 직장생활에서 문서작성의 핵심이다.

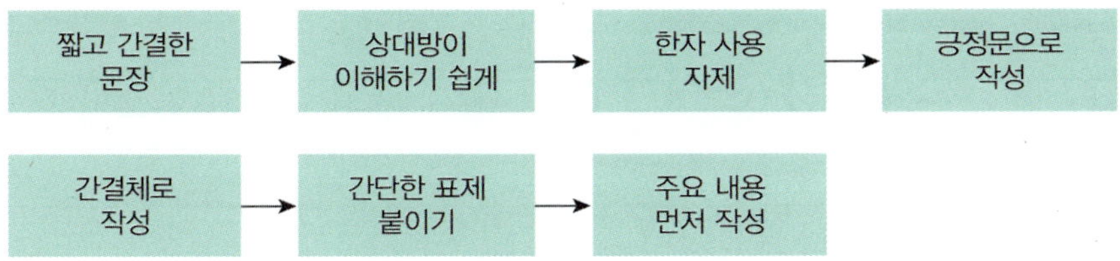

|그림 2-4| 문서작성의 원칙

출처: ncs.go.kr의 한국산업인력공단 NCS 학습모듈.

2) 문서작성 시 주의사항

회사마다 각 문서에 대한 정형화된 기본 틀을 가지고 있다. 그러나 문서작성은 공적으로 자신을 표현하고 대외적인 문서의 경우 회사를 대표하는 것이기 때문에 실수가 있어서는 안 된다. 문서작성 시 주의해야 할 사항은 다음과 같다.

- 문서는 육하원칙에 의해서 써야 한다.
- 문서는 그 작성 시기가 중요하다.
- 문서는 한 사안을 한 장의 용지에 작성해야 한다.
- 문서작성 후 반드시 다시 한번 내용을 검토해야 한다.
- 문서의 첨부 자료는 반드시 필요한 자료 외에는 첨부하지 않도록 한다.
- 문서내용 중 금액, 수량, 일자 등의 기재에 정확하게 작성하여야 한다.
- 문장표현은 작성자의 성의가 담기도록 경어나 단어 사용에 신경을 써야 한다.

06 효과적인 문서작성 Tip

1) 내용이해

전달하고자 하는 내용과 그 핵심을 완벽히 파악한다.

2) 구성

효과적인 구성과 형식이 무엇인지 생각한다.

3) 자료수집

목표를 뒷받침해 줄 자료를 수집한다.

4) 핵심전달

단락별 핵심을 하위목차로 요약한다.

5) 대상파악

대상에 대한 이해와 분석을 철저히 한다.

6) 보충설명

질문을 예상하고 그에 대한 구체적인 답변을 준비한다.

실습 10

1. 동물원 고객 관리실에서 근무하는 왕친절 씨는 새로운 공연 시간표를 작성하려고 한다. 다음 대화를 듣고, 왕친절 씨가 작성해야 할 시간표로 가장 알맞은 것을 고르시오.

팀장님	곧 4월인데, 하절기 시간표로 바꿔야지?
왕친절	네. 제가 작성해 붙이겠습니다.
팀장님	좋아. 보자… 시간을 어떻게 바꿔야 하지? 오전 공연 하나는 기존이랑 똑같이 하고. 작년에 오후 공연을 어떻게 했더라?
왕친절	오후 공연은 한 타임 늘렸었습니다.
팀장님	맞아. 여름에는 코끼리들도 많이 움직이니까… 오후 공연을 하나 늘려야겠네.
왕친절	몇 시 공연을 늘릴까요?
팀장님	4차 공연을 추가하자구.
왕친절	공연 간격은 그대로 둘까요?
팀장님	응. 공연 간격은 그대로 두고, 공연 횟수만 하나 늘려.
왕친절	그럼 공연 간격은 2시간으로 진행되는 거죠?
팀장님	그래. 아, 그런데 오전과 오후 공연 사이 간격은 더 둬야지. 점심시간이 있으니까.
왕친절	네. 그렇습니다.
팀장님	넉넉잡아 4시간으로 하자. 점심 먹고, 준비하고.
왕친절	네. 알겠습니다. 그렇게 작성하겠습니다.

현재 동절기 코끼리 공연 시간표(11~3월)
1차 공연 – 10 : 30 AM
2차 공연 – 1 : 30 PM (영어)
3차 공연 – 3 : 30 PM

①

하절기 코끼리 공연 시간표(4~10월)
1차 공연 – 10 : 30 AM
2차 공연 – 2 : 30 PM (영어)
3차 공연 – 4 : 30 PM
4차 공연 – 6 : 30 PM

②

동절기 코끼리 공연 시간표(4~10월)
1차 공연 – 10 : 30 AM
2차 공연 – 12 : 30 PM (영어)
3차 공연 – 2 : 30 PM
4차 공연 – 5 : 30 PM

③

동절기 코끼리 공연 시간표(4~10월)
1차 공연 – 10 : 30 AM
2차 공연 – 1 : 30 PM (영어)
3차 공연 – 6 : 30 PM

④

동절기 코끼리 공연 시간표(4~10월)
1차 공연 – 10 : 30 AM
2차 공연 – 2 : 30 PM (영어)
3차 공연 – 4 : 30 PM

2. 동물원 고객 관리실에서 근무하는 왕친절 씨는 코끼리 공연을 시작하기에 앞서 청중들에게 인사말을 하고자 한다. 빈칸 ㉠에 들어가기에 알맞은 내용을 앞뒤 문맥을 고려하여 말해 보세요.

안녕하세요, 여러분~ 저는 코끼리 친구들과 함께 살고 있는 ㅇㅇ동물원 고객 관리실 왕친절입니다. 코끼리 친구들과 즐거운 시간을 보내러 오신 여러분을 환영해요! 여러분께서는 코끼리 친구들을 만나실 준비가 되셨나요?
그렇다면 (㉠   ) 타미, 루키, 프린스입니다! 세 친구가 힘찬 발걸음으로 들어오고 있네요. 여러분과 악수를 하고 싶은가 봐요. 앞에 계신 관객분들은 코끼리와 악수를 해주시고, 코끼리 친구들의 건강을 해칠 수 있으니 함부로 먹이를 주시면 안 됩니다.

3. 동물원 고객 관리실 왕친절 씨는 코끼리 공연이 끝난 후 산림욕장 입구로 가려는 손님이 안내를 잘 이해하지 못해 쪽지에 표지들을 적어주려고 하고 있다. 지도를 보고, 왕친절 씨가 손님에게 적어줄 내용으로 가장 알맞은 것을 고르시오.

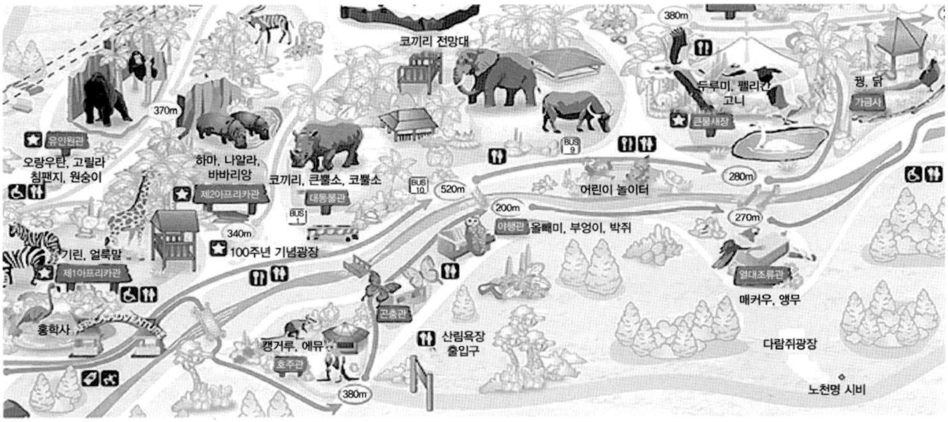

① 버스정류장 9번 → 앞에 어린이 놀이터 → 큰물새장 → 다리 → 열대조류관 → 다람쥐광장 → 산림욕장 입구

② 버스정류장 9번 → 오른쪽에 화장실 → 버스정류장 10번 → 다리 → 야행관 → 곤충관 → 호주관 → 산림욕장 입구

③ 버스정류장 9번 → 앞에 어린이 놀이터 → 큰물새장 → 가금사 → 오른쪽으로 난 길 → 다람쥐광장 → 산림욕장 입구

④ 버스정류장 9번 → 버스정류장 10번 → 대동물관 → 왼쪽에 화장실과 식당 → 다리 → 곤충관 → 산림욕장 입구

출처: ncs.go.kr의 한국산업인력공단 NCS 학습모듈.

학습평가

1. 다음의 서술식 문장을 개조식 문장으로 수정하여 작성하시오.

> ○○회사는 고객 만족도 부분에서 7년 연속 1위이고,
> 매출성장률은 작년 대비 7%이며,
> 올해 대학생이 취업을 희망하는 기업 5위로 선정되었다.

---

2. 다음 문장의 추상적 표현을 구체적 표현으로 바꾸어 작성하시오. 구체적 표현을 위한 수치나 표현은 임의로 선택하여 사용할 수 있다.

> **예시**
> 작년의 고객 만족도보다 훨씬 좋은 결과를 얻었다.
> ⇨ 고객 만족도는 작년 대비 12점이 개선되어 올해는 85점이 되었다.

(1) 컨퍼런스에 많은 사람이 모였다.

⇨ ____________________

(2) 공장의 생산속도가 지난달에 비해 매우 빨라졌다.

⇨ ____________________

3. 다음 문장의 간접적 표현을 직접적 표현으로 바꾸어 작성하시오.

(1) L사 제품은 품질 면에서 우수한 것 같습니다.

⇨ ____________________

(2) 환경 변화에 맞춰 유연한 대응이 필요하다고 여겨짐

⇨ ____________________

학습 성찰

학습한 내용 중 본인의 생활에 적용 가능한 내용과 적용 계획을 작성해 보자.

평가내용	자가진단				
	1	2	3	4	5
문서작성의 중요성을 설명할 수 있다.					
상황, 종류 등에 따른 문서작성을 할 수 있다.					
사례 및 활동을 통한 문서표현을 시각화할 수 있다.					

내용	적용

의 사 소 통

COMMUNICATION

PART 03

의사소통을 위한 효과적인 방법

CHAPTER 01 경청능력

CHAPTER 02 효과적인 질문

CHAPTER 03 의사표현능력

CHAPTER 01

경청능력

일반목표

경청을 통하여 타인과 원만한 관계를 유지하고 업무 성과를 높이기 위한 의사소통을 학습한다.

세부목표

1. 경청의 개념과 중요성을 설명할 수 있다.
2. 경청을 방해하는 요인을 설명할 수 있다.
3. 효과적인 경청 방법을 설명할 수 있다.

주요용어

경청, 경청의 중요성, 경청의 방해 요인, 효과적인 경청 방법

미리보기

삼성 창업주이자 이 회장의 부친인 이병철 선대회장은 셋째 아들인 이 회장에게 그룹을 승계하며 '경청(敬聽)'이라는 유훈을 남겼다. 경청은 '공경하는 마음으로 듣는다'는 뜻이다. "내 기억으론 단 한 번도 내가 얘기하는데 말을 끊으신 적이 없다. 언제나 끝까지 다 듣고 난 다음에 반응하셨다"고 전직 삼성 임원은 회고했다. 그러나 말하는 쪽은 이 회장의 속마음을 가늠할 길이 없기에 늘 긴장할 수밖에 없었다. 게다가 "회장님은 거짓말과 변명을 극도로 싫어하는" 성격이었다. 반대로 "책임지겠다"는 말을 좋아했다. 경청에 기반을 둔 이 회장의 카리스마를 두고, 도쿠가와 이에야스에 비견하는 자료가 곧잘 발견된다. 일본 전국시대 난세를 통일한 인내의 상징처럼 추앙받는 존재다. 도쿠가와 이에야스의 일생을 관통한 철학은 '인생은 무거운 짐을 지고 먼 길을 가는 것과 같다'는 한 문장으로 압축된다. 둘은 인생 궤적이 흡사하다. 어릴 적부터 부모와 떨어져 살았고, 평생 친구 없이 고독하게 살았으며, 변방에 가까웠던 조직을 변화시켜 천하를 호령한 점에서 겹친다. 그러나 정작 삼성 임원들 사이에서는 '이 회장은 오다 노부나가에 더 가깝다' 고 바라보는 시각이 우세하다.

오다 노부나가는 일본 전국시대 통일의 초석을 쌓은 인물이다. 그는 혁신적이고 스피디하며 개방적이었다. 숱한 전투에서 승리를 거뒀지만, 단 한 번도 같은 방식으로 싸운 적이 없었다. 늘 정보에 굶주렸고, 신분이 아닌 실력 위주로 사람을 등용했다. 이 회장은 "업(業)의 개념은 시대와 상황에 따라 달라진다. 누가 먼저 정확하게 변화하는 업의 개념을 잡느냐가 기회 선점의 관건"이라고 설파했다. '빨리'가 아니라 '먼저'가 핵심이다. 삼성 브랜드경영의 최전선에 섰던 배동만 제일기획 전 사장의 기억이다. "내가 신라호텔 이사로 일할 때 회장님께 호되게 혼난 적이 있다. 어느 날인가 전화가 와서 받았는데 회장님이었다. '신라호텔 빵 맛이 그게 뭐냐? 그게 빵이냐?'라고 마구 야단을 치셨다. 그러더니 '어떻게 할 거냐?'고 물으시더라. 나는 '퀄리티를 높이기 위해서 캐나다 밀가루를 쓰고, 발효 등 공정과정, 수증기의 양, 굽기 온도, 에이징(aging) 등을 깊이 관찰하겠습니다. 직원들을 프랑스나 일본으로 연수를 보내서 품질을 높이겠습니다'라고 말했다. 그랬더니 회장님께서 '엉뚱한 답을 이야기하고 있다'며 '지금 내가 기다릴 테니 답을 찾아보라'고 하시더라. 정말로 1분 이상 전화를 안 끊고, 아무 말 없이 계시더라. 나는 계속 멍 때리고 있었는데 갑자기 번쩍하고 생각이 났다. '유능한 기술자를 스카우트하겠습니다'라고 대답하니까 그제야 회장님께서 '왜 알면서도 못하느냐'고 하시더라."

출처: 중앙일보(2020.12.13.). 세상에 알려지지 않은 이건희 삼성회장 이야기.

01 경청의 의미와 중요성

우리는 서로 대화를 할 때 다른 사람의 말을 들으면서 시작한다. 어느 한 연구에서는 대학생들이 다른 사람과 소통하는 시간 중 55% 정도 상대방의 의견을 경청하는 데 사용하는 것으로 나타났다. 이처럼 듣기는 의사소통의 가장 흔한 형태이지만, 사람들이 자신의 의견을 말하는 것을 우선으로 생각하여 의사소통에 실패하는 경우가 많다. 그렇다면 조직에서 듣는다는 것은 무엇일까? 듣는 것이 왜 중요한가?

1) 경청의 의미

우리는 흔히 '나는 충분히 잘 듣고 있어', '경청을 잘 하고 있다'고 생각한다. 그러나 경청은 단순히 상대의 말을 가만히 집중하여 듣는 것만을 의미하지 않는다. 듣는다는 것은 다른 사람이 전달하는 메시지를 이해하는 과정으로 좋은 청자는 다른 사람의 음성만 듣는 것이 아니라 목소리 톤 · 강조 · 빠르기 · 얼굴 표정 · 자세 등 비언어적 단서까지 주의를 기울이는 것을 포함한다.

경청은 직장인들에게 가장 중요한 핵심 역량이기도 하다. 예를 들면 타인이 하는 이야기를 건성으로 듣거나 적당히 듣는 것을 의사소통을 잘 하고 있다고 할 수 없다. 타인의 이야기를 올바른 자세로 정확하게 들으려고 노력할 때 의사소통을 할 준비가 되어 있다고 할 수 있다. 이는 정보, 아이디어, 지식, 뉴스 및 타인의 경험이나 의견 등을 들음으로써 더 넓은 지식을 쌓을 수 있는 기회를 가질 수 있기 때문이다.

이런 점에서 경청은 다른 사람의 말을 주의 깊게 들으며 공감하는 능력이 필요하다. 경청은 대화의 과정에서 신뢰를 쌓을 수 있는 최고의 방법이다. 우리는 이런 경청을 통해 심리적인 안도감을 느끼고 서로 믿음을 갖게 된다. 이러한 과정을 통해 타인과 나는 서로 더 집중하게 된다. 이런 심리적인 효과로 말과 메시지, 감정은 더욱더 효과적으로 상대에게 전달된다. 자신이 경청하는 만큼 상대도 자신의 말을 경청하게 된다. 자신의 말을 경청해 주는 사람을 싫어하는 사람은 이 세상에 거의 없기 때문이다(래리 바커 등, 2013).

일반적으로 조직에서 경청은 상대방의 의견이나 이야기에 집중하고 존중하는 태도를 나타내는 중요한 행동이다. 이는 열심히 듣고 이해하려는 자세를 보이는 것으로, 상호 간의 원활한 커뮤니케이션을 촉진하고 긍정적인 관계 형성에 핵심적인 역할을 한다. 일반 기업에서는 경청을 통해 고객의 의견이나 요구사항을 이해하고 신속하게 대응할 수 있으며 이를 통해 고객 만족도를 높이고 장기적인 고객 유지를 할 수 있게 된다. 또한 팀원들의 의견이나 아이디어를 서로 존중하고 이해하려고 하는 자세를 가질 때 팀의 협업과 업무 효율성을 향상시킬 수 있다. 따라서 일반 기업에서도 경청은 긍정적인 인간 관계 형성과 효율적인 업무 성과를 위해 필수적인 요소가 된다.

2) 경청의 중요성

성공한 사람들은 경청의 중요성에 대하여 강조하고 있다. 스티븐 코비는 저서 『성공하는 사람의 7가지 습관』과 『성공하는 사람의 8번째 습관』에서 성공하는 사람과 그렇지 못한 사람의 대화 습관에는 뚜렷한 차이가 있다고 하였다. 그 차이점은 경청하는 습관이다. 우리는 지금껏 말하기, 읽기, 쓰기에만 몰두해 왔다. 하지만 정작 우리의 감성을 지배하는 것은 귀다. 그래서 경청이 얼마나 중요한 능력인지 그리고 우리가 어떻게 경청의 힘을 획득할 수 있는지 알아야 한다. 또한, 『초우량 기업의 조건』과 『미래를 경영하라』의 저자 톰 피터스는 20세기가 말하는 자의 시대였다면 21세기는 경청하는 리더의 시대가 될 것이다. 경청의 힘은 신비롭기까지 하다. 말하지 않아도, 아니 말하는 것보다 더 매혹적으로 사람의 마음을 사로잡기 때문이라고 하였다. 이처럼 우리는 누구나 내 이야기를 잘

들어주는 사람에게 마음의 문을 열고 싶어 한다. 의사소통은 내가 상대방에게 메시지를 전달하는 단순한 과정이 아니라, 타인과의 상호작용을 통해 메시지를 공유하고 이해하는 복잡한 과정이다. 따라서 효과적인 의사소통을 위해서는 내가 가지고 있는 정보를 상대방이 쉽게 이해할 수 있는 방식으로 전달하는 것도 중요하지만, 상대방의 이해와 공감을 어떻게 얻을 수 있는지를 고려하는 것도 중요하다.

이처럼 경청은 서로 상호작용을 할 수 있게 만들어 주는 중요한 요인이 된다. 경청의 중요성은 다음과 같다(한국산업인력공단, 2016).

첫째, 경청을 통해 상대방을 존중하게 된다. 그 이유는 상대방의 감정, 사고, 행동 등을 평가하거나 비판 또는 판단하지 않고 있는 그대로 받아들이는 태도가 있기 때문이다.

둘째, 경청을 통해 상대방을 성실한 마음으로 대하게 된다. 이는 상대방과의 관계에서 감정과 생각 등을 성실하게 표현하여 상대방의 솔직한 의도나 감정의 교류를 가능하도록 도와준다.

셋째, 경청을 통해 상대방의 입장을 공감하며 이해하게 된다.

활동 1

상대방의 이야기를 주의 깊게 듣는 경청은 중요하다. 자신의 경청하는 습관을 되짚어 보고, 구체적인 상황을 작성해 보자. 또한 올바른 경청을 위해서 어떠한 노력을 하고 있는지 작성해 보자.

1. 나는 어려운 이야기는 흘려듣는 경향이 있다.

   • 나의 상태:

2. 나는 반쯤 듣고 지레짐작하는 경향이 있다.

   • 나의 상태:

3. 나는 이야기하는 사람의 외모에 한눈 파는 경향이 있다.

   • 나의 상태:

4. 나는 잡음에 신경 쓰는 경향이 있다.

   • 나의 상태:

5. 올바른 경청을 위해 노력하는 방법

•나의 상태:

출처: 한국산업인력공단(2016). 대인관계능력 학습자용 워크북.

02 경청의 종류

경청은 의사소통의 기본 과정으로, 대화를 나누는 상대방의 메시지에 주의를 기울이고 이해하기 위해 노력하는 행동을 의미한다. 의사소통 기술에서 경청의 중요성은 더욱더 강조되고 있다. Collins(2011)는 경청을 일상적 경청, 적극적 경청, 직관적 경청의 세 가지로 분류하였다.

1) 일상적 경청

일상적 경청은 사적인 경청으로, 사람들이 일상생활을 하면서 가장 많이 하는 경청이다. 사람 간에 흔히 나타나는데 동료나 가족, 사적 모임 등에서 오늘 있었던 사건에 대해 이야기를 하거나 길을 묻기 위해 지나가는 사람들에게 말을 걸고 답을 듣는 것, 강의를 듣는 것 등 모두 일상적 경청이다. 이 일상적 경청의 특징은 상대방보다는 나의 욕구에 초점이 맞추어져 있고, 나에게 필요한 정보 수집이 주요 목적이라는 것이다. 따라서 일상적 경청은 청자가 수동적이고 상대방의 태도나 말투 등의 비언어적 특징을 파악할 수는 있으나 애써서 주목하지는 않는다.

2) 적극적 경청

적극적 경청은 자신이 상대방의 이야기에 주의를 집중하고 있음을 행동을 통해 외적으로 표현하며 듣는 것을 의미한다. 이때 상대방의 언어 중 이해가 안 되는 부분을 질문하거나 자신이 이해한 내용을 확인하기도 하고 때로는 상대의 발언 내용과 감정에 대해 공감할 수도 있다. 이렇게 공감을 할 수 있다는 것은 말하는 사람의 비언어적인 특성을 관찰하여 상대방의 감정이나 에너지 등을 파악할 수 있고 청자도 적절한 표정과 초점 맞추기 등을 통해 서로의 관심과 몰입을 적극적으로 표현할 수 있다는 것이다. 적극적인 경청을 위해서는 비판적이거나 충고적인 태도를 버리고, 상대방이 전달하려는 의미를 이해하고 단순한 단어 이상의 의미를 포착하기 위해 노력해야 한다. 또한 상대의 표현 방식과 언어 외의 신호에도 주의를 기울이며, 상대방이 말하고 있는 동안 집중하고 있다는 것을 분명하게 표현해야 한다.

3) 직관적 경청

직관적 경청은 상대방이 표면적으로 진술하는 내용, 그 이상의 것을 듣고 포착하는 것을 말한다. '직관적'이라는 단어는 외부에서 입력되는 감각적 정보와 말하는 사람의 내적 상태인 지식 · 감정 · 경험 · 논리 등이 상호작용하여, 감각으로부터 얻는 정보를 넘어선 정보를 파악하게 만드는 것을 의미한다.

| 표 3-1 | 일상적 경청, 적극적 경청, 직관적 경청의 차이

	일상적 경청	적극적 경청	직관적 경청
관심의 초점	듣는 이	말하는 이	말하는 이
목적	정보 수집	정보수집, 이해	정보수집, 이해, 진단
집중도	낮음	높음	매우 높음
비언어적 요소	주목하지 않음	적극적 관찰 및 주목	적극적 관찰 및 주목
질문	거의 없음	이해 중심 질문	이해 및 진단 중심질문
결과	정보 취득	관심과 몰입	표면화되지 않은 요인 파악

출처: 정은경(2020). 코칭심리의 이론과 실제.

활동 2

대화 시 상대방의 태도나 반응은 의사소통에 있어 만족도와 관련이 있다. 대화를 할 때 나의 의견에 대해 상대방이 다음과 같은 반응을 보일 때 어떠한 느낌이 드는지 작성해 보자.

상황	예	나의 느낌
• 상대방의 흠을 잡는 단어를 쓴다.	순전히 노력 부족이야, 어린애 같은 유치한 행동이야, 전혀 도움이 되지 않아, 도대체가 생각이 없어, 머리를 써라, 도대체 제대로 하는 것이 없어 등	
• 상대방의 행동 자체가 아니라 인간성에 초점을 맞춘다.	어리석다, 미쳤다, 이기적이다, 게으르다, 쓸모없다, 너는 구제불능이야, 돌대가리, 병신, 바보, 멍청이 등	
• 비난하고 판단하는 식으로 말한다.	당신은 꼭 늦게 들어와 저녁 시간을 망치는군요.	
• 과거의 일을 들춘다.	예전에 그때도 지금처럼 너 혼자만을 생각했잖아. 항상 그래.	
• 부정적인 비교를 한다.	너는 누구를 닮았니? 피는 못 속여 등	
• 위협을 한다.	당신이 잘못했으니까. 내가 당신을 처벌할 거야.	
• 감정으로 공격한다.	목소리가 커지고 비꼬기도 하고 차갑게 적대적인 억양으로 '그럼 그렇지'	
• 폐쇄적이고 배타적인 신체언어를 사용한다.	눈도 쳐다보지 않고, 듣는 동안 한눈팔며, 팔짱을 끼고 있고, 뒤에 물러서 있다.	
• 의사를 표현할 때, 전체적으로 전달하지 않고, 일부만 이야기한다.	'당신은 일하는 데 너무 많은 시간을 보내는 것 같아요'라고 말할 때 아내는 남편의 건강을 염려하는 것인데, 남편은 아내가 함께 있어 주지 않는 것에 대한 불만을 표시하는 것이라 오해하여 아내가 자신의 입장을 이해 못 한다고 짜증을 부리게 된다.	

상황	예	나의 느낌
• 분명하게 말하지 않는다.	'당신은 언제나 그렇듯이 말이 없군요.' 하는 대신 '당신 오늘도 말이 별로 없군요. 나한테 관심이 없나 보다 생각이 돼서 속상해요. 당신이 무슨 생각을 하고 있는지 말을 해주었으면 좋겠어요.' '왜 나를 그런 식으로 쳐다봐?' 이것은 실제로 그 이유가 궁금하다는 것이 아니라 그런 식으로 쳐다보는 게 기분 나쁘다는 뜻이다. '당신이 나를 그렇게 쳐다보니까 내가 무엇을 잘못하지는 않았나 하는 불안한 느낌이 들어요.' 해야 한다.	

출처: 한국산업인력공단(2016). 대인관계능력 교수자용 워크북.

03 경청을 방해하는 요인

올바른 경청을 하는 데 방해가 되는 10가지 나쁜 습관이 있다. 짐작하기, 대답할 말 준비하기, 걸러내기, 판단하기, 다른 생각하기, 조언하기, 언쟁하기, 자존심 세우기, 슬쩍 넘어가기 및 비위 맞추기에 대해 살펴보면 다음과 같다(한국산업인력공단, 2016).

1) 짐작하기

짐작하기는 상대방의 말을 듣고 받아들이는 것보다는 자기 생각에 부합하는 단서들을 찾아내서 자신의 생각을 확인하는 것을 의미한다. 짐작하고 넘겨짚으려 하는 사람들은 상대방의 목소리 톤이나 얼굴 표정, 자세 등을 지나치게 생각한다. 이들은 상대방이 하는 말의 내용은 무시하고 자기 생각이 옳다는 것만 확인하려 한다. 남편이 "당신은 다른 사람보다 젊어 보여"라고 말하면 아내는 남편의 표정이나 말투 등을 자세히 살펴보면서 '남편은 속으로는 내가 너무 늙어 보여서 매력이 없다고 생각하겠지'라고 생각하거나 심한 경우에는 '남편이 다른 여자와 사귀는 것은 아닌가?'라고 짐작한다. 또 다른 예로 팀장이 구성원에게 업무 지시하다가 구성원이 오류가 발생하여 팀장이 이 오류를 지적하려고 할 때, 지적 방식과 언어 선택, 말투 등에 따라 구성원의 감정이 크게 달라질 수 있다.

팀장이 구성원에게 직접 비판적인 언어로 지적한다면 구성원은 반응적으로 방어적 언어로 대응할 수 있다. 이로 인해 오히려 팀장과 구성원 간의 갈등이 생길 수 있고 업무 협력이 어려워질 수 있다. 그러나 팀장이 구성원을 존중하고 배려하는 마음을 가지고 지적한다면 구성원들 또한 실수를 빨리 받아들이고 업무 협력이 빨라질 수 있다.

이처럼 직장에서도 상대방의 감정과 의견을 이해하려는 노력과 존중을 갖추어

소통하려는 마음이 중요하다. 직장 내에서도 서로의 의견을 듣고 이해하며 상대방의 감정을 존중하고 배려하는 태도를 가지는 것이 원활한 업무 협력과 좋은 직장 분위기를 형성하는데 도움이 된다.

2) 대답할 말 준비하기

대답할 말 준비하기는 대화를 주고받는 상태에서 듣기보다는 말하기에 초점이 맞춰진 상태를 말한다. 특히 심리적으로 부담스럽고 어려운 자리를 이어나가려면 대화를 계속 이어가야 한다는 생각에 '다음에는 무슨 말을 할까?'라고 생각하는 경우가 있다. 이렇게 되면 상대방의 이야기에 제대로 반응을 하지 못하게 되어 오히려 분위기를 더 어색하게 만들 수 있다. 상대방의 말을 듣고 곧 자신이 다음에 할 말을 생각하는 데 집중해 상대방이 말하는 것을 잘 듣지 않게 되면 결국 자기 생각에 빠져서 상대방의 말에 제대로 반응할 수 없게 된다.

3) 걸러내기

걸러내기는 상대방의 말을 듣기는 하지만 상대방의 메시지에 주의를 기울이지 않는 경우이다. 상대방이 분노나 슬픔·불안 등에 대해 말하는 것을 들어도 그러한 감정을 인정하고 싶지 않다거나 회피하고 싶다거나 무시하고 싶을 때, 자기도 모르는 사이에 상대방이 아무 문제가 없다고 생각해 버린다. 걸러내기는 듣고 싶지 않은 것들을 막아버리는 것을 말한다.

4) 판단하기

판단하기는 상대방에 대한 부정적인 판단 때문에, 또는 상대방을 비판하기 위해 상대방의 말을 듣지 않는 것을 말한다. 경청을 위해서는 편견 없이 듣기가 선행이 되어야 하지만 이야기를 듣는 도중에 옳고 그름에 대한 생각을 하는 상태에서 상대방의 이야기를 내가 생각하는 범주에서 듣게 된다. 이는 상대방의 메시지를 내가 원하는 방향으로 해석하면서 듣게 되는 오류를 범한다. 당신이 상대방을 어리석다거나 고집이 세다거나 이기적이라고 생각한다면, 당신은 경청하기를 그만두거나 듣는다고 해도 상대방이 이렇다는 증거를 찾기 위해서만 귀를 기울일 것이다.

5) 다른 생각하기

다른 생각하기는 상대방에게 관심을 기울이는 것이 점차 더 힘들어지고 상대방이 말을 할 때 자꾸 다른 생각을 하게 된다면 이는 그 상황을 회피하고 있다는 위험한 신호이다. 예를 들면 아들은 엄마가 진로에 대해 말을 할 때마다 다른 생각을 하였다. 사실 아들은 엄마가 자신의 진로에 대해 너무 많은 이야기를 해서 잔소리로 생각하고 있기 때문이다. 그러나 진짜 내면을 보면 자신의 진로에 대해 자신도 걱정이 되고 고민을 하고 있는데, 엄마의 걱정이 무엇인지도 아는데 더 깊은 마음에는 두려움·불안·걱정 등의 감정들이 깔려 있어 제대로 된 경청이 되지 않는다.

6) 조언하기

조언하기는 어떤 사람들은 지나치게 다른 사람의 문제를 본인이 해결해 주고자 한다. 당신이 말끝마다 조언하려고 끼어들면 상대방은 제대로 말을 끝맺을 수 없다. 올바른 해결책을 찾고 모든 것을 제대로 고치려는 당신의 욕구 때문에 마음을 털어놓고 이야기하고 싶은 상대방의 욕구가 좌절된다. 이야기를 들어주기만 해도 상대방은 스스로 자기 생각을 명료화하고 그 사이에 해결책이 저절로 떠오르게 된다. 남편이 아내에게 직장에 대한 좌절과 낙담을 털어놓자 '당신은 윗사람을 다루는 기술이 필요해요. 당신 성격에도 문제가 있어요. 당신 자신을 개선하기 위해 성격 개선 프로그램을 신청해서 참여해 봐요'라고 지체 없이 말하면 남편이 진실로 원했던 것, 즉 서로 공감하고 잠시 위로받고 싶었던 욕구가 좌절된다. 이러한 대화가 반복되면 상대방은 무시당하고 이해받지 못했다고 느끼게 되어 사람들에게 마음의 문을 닫아 버리게 된다.

7) 언쟁하기

언쟁은 상대방의 이야기에 공감할 마음이 없는 상태에서 단지 반론을 제시하거나 논쟁하기 위해서만 상대방의 말에 귀를 기울이는 것이다. 특히 상대방과 의견이 대립하는 경우 상대방이 무슨 말을 하든 자신의 입장을 확고히 한 채 방어한다. 언쟁은 상호 문제가 있는 관계에서 드러나는 전형적인 의사소통이다. 이런 관계에서는 상대방의 생각을 전혀 들을 생각이 없기 때문에 어떤 이야기를 해도 듣지 않게 된다. 상대방이 무슨 주제로 꺼내든지 설명하는 것을 무시하고 상대방의 생각과는 전혀 다른, 자기 생각을 정확하게 자기 논리대로 늘어놓는다. 지나치게 논쟁적인 사람은 상대방의 말을 경청할 수 없다.

8) 자존심 세우기

자존심이 강한 사람은 자존심에 관한 것을 전부 막아버리기 때문에 자신의 부족한 점에 대한 상대방의 말을 들을 수 없게 된다. 당신은 자신이 잘못했다는 말을 받아들이지 않기 위해 거짓말을 하고 고함을 지르고 주제를 바꾸고 변명을 하게 된다.

9) 슬쩍 넘어가기

대화가 너무 사적이거나 위협적이면 주제를 바꾸거나 농담으로 넘기려 한다. 문제를 회피하려 하거나 상대방의 부정적 감정을 회피하기 위해서 유머를 사용하거나 초점을 잘못 맞추게 되면 상대방의 진정한 고민을 놓치게 된다.

10) 비위 맞추기

비위 맞추기는 상대방을 위로하기 위해서 혹은 비위를 맞추기 위해서 너무 빨리 동의하는 것을 말한다. 그 의도는 좋지만 상대방이 걱정이나 불안을 말하자마자 '그래요, 당신 말이 맞아.', '미안해요. 앞으로는 안 할게요.'라고 말하면 지지하고 동의하는 데 너무 치중함으로써 상대방에게 자기 생각이나 감정을 충분히 표현할 시간을 주지 못하게 된다. 듣는 방법에는 '귀로 듣다'와 '귀를 기울이다'가 있지만 경청은 '귀를 기울이다'의 의미로서 관심을 가지고 상대방의 말을 듣는 것이고, 상대방의 생각과 감정을 상대방의 입장에 서서 이해하는 것을 말한다. 상대방과 의사소통을 하거나 많은 사람 앞에서 발표를 할 때 이용할 수 있는 정보를 가지기 위해서 많은 내용을 듣고 이해하는 것은 중요하다(한국산업인력공단, 2016).

04 경청을 실천하기 위한 다섯 가지 행동 가이드

경청에는 그에 대한 적절한 반응을 보여주는 것 역시 반드시 필요한 요소이다. 즉, 원활한 이해를 위해서 우리는 상대방의 말을 수용하고 공감하며 지지해주는 반응이 필요하다.

청자가 상대방의 감정에 공감하고 있음을 나타낸다면 상대방은 자신이 이해받고 있는 느낌을 갖게 된다. 그리하여 청자를 더욱 신뢰하고 자신을 더 많이 드러내 보이게 된다. 원만한 인간관계가 이루어지기 위해서는 다음과 같은 경청을 위한 행동 가이드를 실천하면 된다.

1) 공감을 준비하자

청자가 상대방의 입장이 되어 그의 주관적인 세계를 이해하려고 해야 한다. 즉, 상대방의 눈으로 사물을 보는 것과 같이 상대방이 지니고 있는 생각과 느낌의 틀을 이용하여 그 사람의 생각과 감정을 이해하는 것이다. 대화를 시작할 때 나의 마음에 있는 선입견이나 충고하고 싶은 생각들을 모두 비워내야 한다.

2) 상대를 인정하자

상대방의 말과 행동에 집중하여 상대방이 얼마나 소중한 존재인지를 인정해야 한다. 상대를 완전한 인격체로 생각해야 진정한 마음의 소리가 들린다. 모든 사람을 한 인격체로 상대방을 인정하고 대화를 시작해야 한다.

3) 말하기를 절제하자

말은 배우는 데 2년이 걸리지만, 침묵은 배우는 데 60년이 걸린다고 한다. 누구나 듣기보다 말하기를 좋아하는 이유는 다른 사람을 이해하기 전에 내가 먼저 이해받고 싶어 하는 욕구가 있기 때문이다. 내가 이해를 받으려면 상대방에게 먼저 귀를 기울여야 한다.

4) 겸손하게 이해하자

겸손하면 들을 수 있고, 교만하면 들을 수 없다. 상대가 나의 생각과 다른 말을 하더라도 들어주는 자세가 필요하다. 경청은 상대의 감정에 겸손하게 공감하며 듣는 사람이다. 사람들이 원하는 것은 자기 말을 진정으로 들어주고 자기를 존중해 주며 이해하는 것이다. 항상 겸손한 자세로 상대의 이야기를 들어야 한다.

5) 온몸으로 응답하자

경청은 귀로만 하는 것이 아니라 눈으로도 하고 입으로도 하며 손으로도 한다. 즉, 온몸을 이용할 수 있다. 상대의 말에 귀를 기울이고 있음을 지속적으로 표현하고 몸짓과 눈빛으로 반응을 보여야 한다. 즉, 상대에게 진정으로 귀를 기울이고 있다는 신호를 온몸으로 보내야 한다.

활동 3

다음은 잘 듣기를 배우고 연습하는 프로그램으로서 일명 '앵무새 놀이'라는 것이다. 이제부터 다음의 지시를 충실히 따라 연습해 보자.

1. 두 사람이 가까이 마주 앉아 한 사람은 말하는 사람, 한 사람은 듣는 사람의 역할을 맡는다.

⬇

2. 먼저 말하는 사람의 역할을 맡은 사람이 직장에서 자주 겪을 만한 소재로 이야기를 한다.

예) "어젯밤 갑자기 설사를 하는 바람에 잠을 설쳤습니다."
"그러다 보니 오늘 오후에 너무 피곤해서 잠깐 졸았습니다."
"그러다가 운 나쁘게 과장님께 걸려서 야단을 맞았어요."
"사람이 살다 보면 아플 수도 있고 졸 수도 있는 일인데 이유도 안 물어보고 야단만 치시는 과장님이 원망스러웠습니다."

⬇

3. 듣는 사람 역할을 맡은 사람은 말하는 사람 역할을 맡은 사람이 한 말을 듣고 그대로 반복한다.

예) "어젯밤 갑자기 설사를 하는 바람에 잠을 설쳤다고요?"
"오후에 너무 피곤해서 잠깐 졸았던 모양이군요."
"그러다가 운 나쁘게 과장님께 걸려서 야단을 맞았단 말이지요?"
"사람이 살다 보면 아플 수도 있고 졸 수도 있는 일인데 이유도 안 물어보고 야단만 치시는 과장님이 원망스러웠겠군요."

⬇

4. 5분간 계속한 후 이번에는 서로 역할을 바꾸어서 연습한다.

⬇

5. 두 사람이 번갈아 가며 '상대방의 말 그대로 반복하기'를 충분히 연습했으면, 이번에는 한마디 말하고 한마디 따라 하기가 아니라 마디 수를 늘려서 말하는 사람은 2~5마디를 한 번에 이야기하고, 듣는 사람은 상대방의 이야기를 들은 후 그 말을 약간 요약하며 조금 다른 말로 되돌려 준다. 상대방이 한 말과 내용은 같지만, 표현만 조금 다르게 하여 대화를 좀 더 자연스럽게 하는 것이다. 그러나 여기에도 듣는 사람의 주관적인 평가나 판단이 개입되게 해서는 결코 안 된다. 이것도 역시 5분간 역할을 서로 번갈아 가며 연습한다.

출처: 한국산업인력공단(2016). 대인관계능력 교수자용 워크북.

05 경청능력 향상방법

자신의 이야기를 진지하게 들어주는 사람이 있다는 것은 고맙고 기쁜 일이다. 그만큼 상대방에게 호감을 얻기 위한 첫째 조건은 좋은 청자가 되는 것이다. 그리고 좋은 청자가 되기 위해서는 마음이 편안한 상태로 듣거나, 듣고 있다는 것을 맞장구로 표현하여 상대가 알도록 하거나 질문을 활용하는 등 평소에 경청 훈련을 해야 한다. 경청 훈련을 통해 습득한 대화법은 부부 관계뿐 아니라 부모-자녀 관계, 직장 및 동료 관계, 연인 관계, 선후배 관계 등에서 모두 적용될 수 있다. 경청 훈련으로 주의 기울이기, 상대방의 경험을 인정하고 더 많은 정보 요청하기, 이해한 것을 표현하기, 정확성을 위해 요약하기, 개방적인 질문하기, '왜?'라는 질문 피하기가 있다. 경청 훈련에 대해 살펴보면 다음과 같다(한국산업인력공단, 2016).

1) 주의 기울이기(바라보기, 듣기, 따라 하기)

상대방의 이야기에 주의를 기울일 때는 몸과 마음을 다하여 들을 수 있어야만 자신이 상대방에게 충분한 관심을 보여주는 것이 된다. 따라서 산만한 행동은 중단하고 비언어적인 것, 즉 상대방의 얼굴과 몸의 움직임뿐만 아니라 호흡하는 자세까지도 주의하여 관찰해야 한다. 또한 상대방이 하는 말의 어조와 억양, 소리의 크기까지도 귀를 기울인다. 일반적으로, 말하는 것보다 듣는 것이 더 어렵다. 우리는 타인의 말을 무시하여 듣지 않거나 건성으로 듣기도 하고 내용을 선택하여 듣기도 한다. 따라서 먼저 상대방의 말에 주의를 기울이는 태도가 무엇보다 중요하다.

2) 상대방의 경험을 인정하고 더 많은 정보 요청하기

다른 사람의 메시지를 인정하는 것은 자기가 그와 함께하며 그가 인도하는 방향으로 따라가고 있다는 것을 언어적 또는 비언어적인 표현을 통하여 상대방에게 알려주는 반응이다. 아울러 상대방이 말하고 있는 것에 대해 관심과 존경을 보이면, 비록 상대방의 말에 완전히 동의하지 않더라도 상대방의 의도가 무엇인지 알게 된다. 또한 '요청하기'는 부드러운 지시나 진술, 질문의 형태를 취함으로써 상대방이 무엇이든지 당당하게 더 많은 것을 말할 수 있도록 하는 수단이 된다.

3) 이해한 것을 표현하기

상대방과 이야기를 하면서 반응을 해주는 것이 중요하다. 문제 해결을 위한 반응이 아니라 상대방의 말을 이해했다는 반응이 선행되어야 한다. 상대방의 말을 아무리 이해했다 하더라도 그에 대한 표현을 하지 않으면 상대는 자신의 말을 이해했는지 알 길이 없다. 따라서 자신이 이해한 바를 전달해야 하는 기술도 필요하다. 상대방의 말을 이해한 것을 반영해 줄 때 흔히 바꾸어 말하기 기술, 재진술 기술을 사용한다. 이것은 일차적으로 상대방이 경험한 사실에 대해 자신이 이해했다는 것을 명료하게 하는 데 사용된다.

4) 정확성을 위해 요약하기

대화 중에 이야기된 내용을 가끔 요약하는 것은 상대방을 대화에 적극적으로 참여하도록 유도하고, 산발적으로 나온 생각과 감정을 정리하여 특정 주제를 종결짓게 하는 데 효과가 있다. 또한 요약하는 기술은 상대방과의 의사소통에서 자신의 이해 정도를 확인하고 서로의 관점을 조금 더 깊게 이해하는 데 도움이 된다. 이를 통해 서로 간의 메시지를 더 효과적으로 공유하고 소통할 수 있게 된다.

예를 들어, 상대방의 요점에 대해서 들은 것을 자신의 말로 반복하는 표현과 자신의 요약을 확인 또는 명료화하기 위해 질문하는 표현을 하면 다음과 같다.

- "당신은 어제 친구와 돈 문제로 언쟁이 있었군요. 그래서 기분이 몹시 상했군요."
- "당신은 지금 가사 분담에 대해 제의하는 건가요? 방법은 아직 결정하지 않았군요. 같이 의논하자는 것인가요?"

5) 개방적인 질문하기

상대방을 이해하기 위해서는 상대방의 말이 불분명한 경우, 앞뒤 말이 맞지 않을 경우, 더 자세히 듣고 싶은 경우 등 다양한 경우에 질문이 필요하다. 또한 질문은 상대방에게 관심이 있음을 보여주고 있으며 상대방이 말한 주제를 중요한 문제로 생각하고 있다는 것을 보여준다. 그러나 잘못된 질문을 할 경우 상대방의 말을 이해하지 못하고 있다는 사실을 전달할 수도 있다. 또한 너무 많은 질문은 오히려 상대에게 거부감을 줄 수 있다. 흔히 무슨 말을 해야 할지 모를 때 질문한다. 따라서 적절한 시기에 적절한 질문을 해야 하는 것이 중요하다.

질문할 때 주의할 점은 한 번에 한 가지 질문만 할 것, 개방적인 질문할 것, 간접적으로 질문할 것, 대화가 끝나갈 때는 복잡하거나 정서적으로 얽힌 질문은 하지 말 것이다. 개방적인 질문은 보통 '누가, 무엇을, 어디에서, 언제, 어떻게'라는 어휘로 시작된다. 이는 단답형의 대답이나 반응보다 상대방의 보다 다양한 생각을 이해하고, 상대방으로부터 보다 많은 정보를 얻기 위한 방법으로서 이로 인하여 서로에 대한 이해 정도를 높이기 위해서이다. 예를 들어 다음과 같은 표현을 사용할 수 있다.

- "이번 주 수술 계획에 대해 말해 주겠어요?"
- "직장을 옮기는 것에 대해 어떤 생각을 하고 있어요?"

명확하지 않은 정보와 혼돈된 정보를 명확하게 하기 위해서 인정 또는 사과의 정확성을 검토하기 위해서는 다음과 같은 표현을 사용한다.

- "당신, 기운이 없어 보이는군요. 무슨 일이 있어요?"
- "당신은 나 때문에 정말 화난 것 같군요. 어떠세요?"

6) '왜?'라는 질문 피하기

'왜?'라는 질문은 보통 진술을 가장한 부정적 · 추궁적 · 강압적인 표현이므로 사용하지 않는 것이 좋다(한국산업인력공단, 2016).

- "왜요?"
- "왜 전화했어요?"
- "당신은 왜 내가 하라는 대로 하지 않지요?"

활동 4 의사소통 자기진단

경청능력은 직장생활에서 중요하다. 자신의 경청 정도가 어느 정도인지 점검해 보고, 의사소통에 실패한 사례를 생각해 보고 반성해 보자. 그리고 이를 바탕으로 올바른 경청을 위하여 자신에게 필요한 능력과 개선할 점이 무엇인지 생각해 보고 발표해 보도록 하자.

문항	내용	1	2	3	4
1	나는 화자를 방해하지 않고 자기 생각을 표현하도록 한다.				
2	나는 상대방이 말하는 모든 것을 듣기를 원한다.				
3	나는 중요한 사실을 기억하는 능력을 가지고 있다.				
4	나는 화자의 말을 들으려고 노력한다.				
5	나는 메시지의 가장 중요한 세부 사항을 기록한다.				
6	나는 비록 따분하기는 하지만 화자의 말을 듣는다.				
7	나는 듣고 있을 때는 주위의 산만한 분위기를 무시한다.				
8	나는 화자의 말을 진심으로 듣고 있음을 표현한다.				
9	나는 다른 사람의 말에 동의하지 않더라도 들어준다.				
10	나는 화자의 다음 말에 예측하면서 공상을 피한다.				

1 : 전혀 그렇지 않다, 2 : 가끔 그렇다, 3 : 거의 그렇다, 4 : 항상 그렇다.

- 30~40 : 상대방의 말을 효과적으로 듣는 사람.
- 20~29 : 좋은 청취자이기는 하지만 앞으로 더 개선할 점이 있는 사람.
- 10~19 : 개선이 필요한 사람. 이러한 경우 경청기술을 개발하기 위한 기법을 적극적으로 학습해야 할 것이다.

출처: 한국산업인력공단. 직업기초능력 의사소통능력 교수자용 매뉴얼.

학습 성찰

학습한 내용 중 본인의 생활에 적용 가능한 내용과 적용 계획을 작성해 보자.

평가내용	자가진단				
	1	2	3	4	5
경청의 개념과 중요성을 설명할 수 있다.					
경청을 방해하는 요인과 효과적인 경청 방법을 설명할 수 있다.					

내용	적용

02

CHAPTER

효과적인 질문

일반목표

질문의 중요성을 이해하고 효과적인 질문법을 향상시킬 수 있다.

세부목표

1. 질문의 유형을 구분하여 설명할 수 있다.
2. 질문의 중요성을 설명할 수 있다.
3. 효과적인 질문의 조건을 설명할 수 있다.
4. 다양한 질문 기법으로 적극적 의사소통을 할 수 있다.

주요용어

질문의 유형, 질문의 중요성, 질문에서의 주의점

미리보기

어느 날 세실과 모리스가 예배를 드리러 가는 중이었다.
"모리스, 자네는 기도 중에 담배를 피워도 된다고 생각하나?"
"글쎄요. 잘 모르겠는데요…. 랍비께 한번 여쭤보는 게 어떻겠나?"
세실이 랍비에게 가서 물었다.
"선생님, 기도 중에 담배를 피워도 되나요?"
"(정색을 하며 대답하기를) 형제여, 그건 절대 안 되네. 기도는 신과 나누는 엄숙한 대화인데 그럴 순 없지."
세실로부터 랍비의 답을 들은 모리스가 말했다.
"그건 자네가 질문을 잘못했기 때문이야. 내가 가서 다시 여쭤보겠네."
이번에는 모리스가 랍비에게 물었다.
"선생님, 담배를 피우는 중에는 기도를 하면 안 되나요?"
"(얼굴에 온화한 미소를 지으며) 형제여, 기도는 때와 장소가 필요하다네. 담배를 피우는 중에도 기도는 얼마든지 할 수 있는 것이지."

출처: 최인철(2013). 나를 바꾸는 심리학의 지혜 프레임.

01 질문의 의미

20△△년 서울, 버락 오바마 미국 대통령이 G20 정상회의 폐막식이 있었다. 정상회의 개최국이었던 한국의 기자들에게 질문의 기회를 주었다. 오바마 대통령은 한국 기자들이 질문해 주길 요청하였다.

"누구 없나요?" 한참의 정적이 흘렀다. 질문을 위해서는 통역이 필요하니 통역도 준비되어 있다고 말하였다. 그 순간 한 기자가 질문을 하였다. 한국 기자가 아닌 중국 기자였다. 오바마 대통령은 "한국 기자분들에게 질문을 요청하였으니 한국 기자분들의 질문을 먼저 받겠다."라고 하였다. 그러나 한국 기자들은 질문하지 않았다.

이 장면은 질문이 사라진 교실의 문제를 다룬 EBS 다큐에서 방영되어 다시 한번 질문에 대해 이슈화가 되었다.

과연 우리는 왜 질문을 하지 않을까?

우리나라는 성인으로 갈수록 질문을 하지 않는다. 초・중・고 교사뿐 아니라, 대학교수들까지도 "어떻게 하면 질문을 잘할 수 있나요?"라는 난감한 질문을 한다. 우리는 일상 속에서 수많은 질문을 한다. 그래서 질문하는 법을 모르는 것이 아니라 질문을 잘하고 싶은 것이다. 질문하는 것이 불편하고 어려워지는 이유는 질문하는 것을 꺼리는 집단의 분위기, 질문하는 것을 어렵게 만드는 상황이 있기 때문이다. 일상의 사유와 대화는 질문에 기반이 된다. 서로 질문할 수 있는 분위기를 만들어 주고 진지하게 대화를 나눌 수 있는 장이 열리면 질문을 통한 자연스러운 대화가 일어난다.

질문은 경청 후에 상대방과의 대화를 이끌어 가기 위한 적극적인 행동이다.

경청하고 상황에 적합한 질문을 할 줄 알아야 원활한 의사소통이 가능하다. 질문은 '언제(when)', '어디서(where)', '누가(who)', '무엇을(what)', '왜(why)', '어떻게(how)'의 육하원칙에 의해 하게 된다. 질문에서 중요한 것은 어떤 내용의 질문을 어떤 상황에서 얼마만큼 정확하게 하는가이다. 질문의 유형과 내용에 따라서 상대의 대답이 달라지기 때문에 질문을 하기 전에 질문의 유형과 내용에 대해 생각하고 준비할 필요가 있다. 너무 많은 질문, 대답이 곤란한 질문, 의미 없는 질문은 질문으로서 가치가 없다. 사람 간의 대화는 논리보다 감성이 우선되기도 한다. 마음의 문이 열려야 원활한 질문이 가능해지며 그 질문을 통하여 우리는 원활한 의사소통이 가능하다.

조직에서 질문은 효과적인 의사소통과 문제 해결을 위해 중요한 역할을 한다. 조직에서는 질문을 통해 상대방이 원하는 요구사항이나 의견을 이해하고 필요한 정보를 수집할 수 있다. 또한 문제의 핵심을 파악하고 해결책을 모색하는 데 핵심적인 요소가 되기도 한다. 이는 결국 업무 향상과 팀워크 강화를 위한 도구로 활용할 수 있다.

02 질문의 유형

상대방의 문제 상황에 대한 정보를 수집하고 동시에 그 사람으로 하여금 문제에 관한 자기 생각과 느낌을 표현하도록 효과적으로 이끄는 것은 질문하는 기법에 달려 있다. 따라서 질문은 훈련이 많이 요구되는 기술이기도 하다.

1) 폐쇄형 질문과 개방형 질문

폐쇄형 질문은 “예”, “아니요”로 답할 수 있거나 “영희입니다”, “20살입니다” 등과 같은 아주 간단한 답을 할 수 있는 질문이다. 폐쇄형 질문은 시간이 제약된 상황에서 사실이나 자세한 정보를 얻고자 할 때, 혹은 위급한 상황에서 신속하게 정보를 얻고자 할 때 유용하게 사용된다. 그러나 이 질문은 상대방이 매우 제한된 범위 내에서 응답한다는 한계점이 있다. 그래서 이 질문은 상대방에게 취조하거나 딱딱한 인상을 줄 수 있어 심문당하는 느낌을 갖게 하므로 주의하여 사용해야 한다.

개방형 질문은 상대방의 생각이나 감정을 자유롭게 표현할 수 있고 선택의 자유를 줄 수 있는 질문이다. 즉, “예”, “아니요”로 대답할 수 없으며, 둘 이상의 해답이 있는 질문을 말한다. “앞으로 우리 부서에서 자네가 할 수 있는 일은 무엇인가?”, “당신에게 삶이란 무엇인가?” 등과 같은 질문이 해당된다. 같은 질문이라도 폐쇄형 질문보다 개방형 질문이 잠재된 의식을 확대하여 질문을 할 수 있다. 따라서 이 질문은 상대방이 하고 싶은 말을 자율적으로 충분히 하게 함으로써 많은 정보를 수집할 수 있는 장점이 있다. 반면 자기 생각이나 감정을 언어로 표현하는 데 익숙하지 않은 사람에게는 오히려 위협이 되거나 불안감을 야기할 수 있어 주의하여 사용해야 한다.

2) 과거형 질문과 미래형 질문

과거형 질문은 질문 속에 과거형의 단어가 포함된 질문이다. “지금까지 어떻게 해결했습니까?”, “그것을 왜 하지 않았습니까?” 등의 질문이 과거형 질문에 해당된다. 과거형 질문은 사람들이 대부분 변명이나 핑계를 대고, 문제의 원인이 자신이 아닌 상대에게 있다고 대답하는 경우가 있다. 그래서 해결책보다는 감정적인 반응을 하게 되기도 한다.

미래형 질문은 질문 속에 미래형의 단어가 포함된 질문, 즉 미래의 상황이나 사건에 대해 질문하는 것이다. "앞으로 어떻게 하고 싶은가?", "우리 회사를 발전시킬 방향은 무엇인가?" 등의 질문이 미래형 질문에 해당된다. 미래형 질문은 사람들이 해결책을 제시하고 그것을 위해 자신이 무엇을 해야 할지에 대해 생각할 수 있는 장점이 있다. 반면 질문하는 사람과 어느 정도 관계 형성이 되어 있지 않으면 오히려 의사소통을 단절시킬 수 있어 주의하여야 한다.

3) 부정형 질문과 긍정형 질문

부정형 질문은 질문 속에 "아니다"라는 부정형의 단어를 포함하는 질문, 즉 동일한 상황이나 사건에 대해 부정적으로 질문하는 것이다. "왜 자꾸 구성원들과 마찰이 생기는가?", "뭐가 확실하지 않은가?" 등의 질문이 부정형 질문에 해당된다. 이 질문은 과거형 질문과 비슷하게 대부분 문제의 원인이 자신이 아닌 상대에게 있다고 대답하는 경향이 있다. 무언가 해결책을 제시하기보다는 무조건 '안된다'는 식의 부정적 답변을 하게 된다.

긍정형 질문은 질문에 긍정적인 단어를 포함하는 질문, 즉 동일한 상황이나 사건에 대해 긍정적으로 질문하는 것이다. "어떻게 하면 구성원들을 도와줄 수 있겠는가?", "확실하게 할 수 있는 것은 무엇이 있는가?" 등의 질문이 긍정형 질문에 해당된다. 이 질문은 미래형 질문과 같이 무언가 해결책을 제시하고 그것을 위해 자기 자신이 무엇을 해야 할지에 대해 생각하고 답을 하게 된다. 또한 상대방의 방식에 대해 생각하여 상호 협력할 수 있는 긍정적인 관계를 모색하는 데 도움을 주기도 한다.

사례 1

신입직원 : A 팀장님 이번 지역문화체험 프로젝트 건에 관한 것입니다만…

A 팀장 : 그래, 그건 잘 되고 있지?

신입직원 : 예, 대체로 순조롭게 진행되고는 있는 듯합니다만…

A 팀장 : 다행이네. 그런데 하고 싶은 말이 있나?

신입직원 : 그게 말입니다…

A 팀장 : 무슨 문제가 있는가?

신입직원 : 그게… 영미 씨에 대한 일인데요…

A 팀장 : 영미 씨가 무슨 문제가 있는데.....

신입직원 : 이번 프로젝트에 참여도 하지 않고…

A 팀장 : 뭐야? 그게 도대체 무슨 말이야?

신입직원 : 그러니깐 이걸… 어찌 말을 해야 하는지…. 저도 잘 모르겠습니다.

A 팀장 : 아니 자네가 모른다고 하면 어쩌라는 거야? 영미 씨는 자네 파트너 아닌가?

신입직원 : 그건 맞는데… 별로 말이 없어서요.

A 팀장 : 지금 와서 이렇게 말하면 어쩌라는 거야? 어째서 이 사태가 올 때까지 아무런 대책을 세우지 않았나?

신입직원 : 죄송합니다.

A 팀장 : 죄송하다고? 지금 그걸 말이라고 하나? 이제 와서 이렇게 말을 하면 어떻게 프로젝트를 진행하겠다는 거지? 내가 영미 씨하고 이야기를 하고 다른 파트너로 교체를 하든지 해야겠군.

신입직원 : 예, 감사합니다……

활동 1

위의 [사례 1]을 효과적인 대화법(질문법)으로 고쳐보시기 바랍니다.

신입직원 :

A 팀장 :

신입직원 :

A 팀장 :

신입직원 :

A 팀장 :

신입직원 :

A 팀장 :

신입직원 :

A 팀장 :

신입직원 :

A 팀장 :

신입직원 :

A 팀장 :

신입직원 :

A 팀장 :

신입직원 :

활동 1 이상적인 답안

신입직원 :	A 팀장님 이번 지역문화체험 프로젝트 건에 대해 상의하고 싶은 것이 있습니다.
A 팀장 :	그래? 프로젝트 건은 어떻게 진행되고 있지?
신입직원 :	예, 대체로 순조롭게 진행되고는 있는 듯합니다. 그러나 한 가지 어려운 점이 있습니다.
A 팀장 :	순조롭게 진행되고 있다니 다행인데 어떤 어려운 점이 있지?
신입직원 :	네. 일은 순조롭게 진행되는데 팀원들끼리의 의사소통에 어려움이 있습니다.
A 팀장 :	조금 더 구체적으로 말해 줄 수 있겠나?
신입직원 :	네… 저희 팀이 다 같이 프로젝트를 진행해야 하는데 한 분이 활동을 잘 하지 않아서 어렵습니다.
A 팀장 :	자네 입장에서 볼 때 참여를 하지 않는 동료가 왜 그런다고 생각하는가?
신입직원 :	제가 너무 친밀하게 다가가지 못한 것 같습니다.
A 팀장 :	음... 자네가 생각하기에 친밀해지는 데 방해되는 요소가 있나?
신입직원 :	이번 주는 서로 비번이 다르다 보니 사적으로 만날 수 있는 시간이 부족했습니다.
A 팀장 :	또 다른 방해 요소는 없는가?
신입직원 :	일단 만날 수 있는 시간을 확보하는 게 좋을 듯합니다.
A 팀장 :	만날 수 있는 시간을 확보할 수 있는 방법은 뭐가 있겠는가?
신입직원 :	일단 제가 그분의 비번에 맞춰서 시간을 내서 식사라도 하면 좋을 듯합니다.
A 팀장 :	이제 좀 해결이 되었는가?
신입직원 :	네, 감사합니다. 한결 마음이 가벼워졌습니다.

03 질문에서 주의점

질문에서 주의할 점은 여러 가지가 있는데 중첩형 질문, 유도형 질문, '왜'형 질문, 전제형 질문, 폐쇄형 질문 등이 있다(Stream, 1978).

1) 중첩형 질문

중첩형 질문은 한 번에 여러 질문을 던지는 유형이다. "자, 당신은 회사를 그만두기를 원합니다. 그런데 언제부터 그런 생각을 하셨습니까? 무엇 때문에 그런 생각을 하셨습니까?" 등의 질문이 중첩형 질문에 해당된다. 이런 질문은 질문의 초점을 흐려 대답이 피상적으로 되거나 중요한 정보를 빠뜨리기 쉬워 의사소통이 비생산적이 될 수 있다.

2) 유도형 질문

유도형 질문은 직접 혹은 간접적으로 어떤 방향이나 내용으로 이끌어 가려는 질문을 말한다. "병원에서 보험 가이드가 들어오는 것이 잘못되었다고 생각하지 않으세요?"와 같은 질문이 유도형 질문에 해당된다. 이 질문은 질문자가 자신이 원하는 대답을 할 수 있도록 상대방에게 질문을 구성하기도 한다. 또한 주어진 상황에서 상대방의 감정이나 생각을 솔직하게 구성하도록 돕기보다는 방어적인 입장에서 질문자의 비위를 맞추기 위해 솔직하지 않은 답을 하도록 압박을 가해지기도 한다.

3) '왜'형 질문

'왜'형 질문은 상대방이 추궁받는 느낌을 갖게 되므로 피해야 할 필요가 있고 같은 질문이라도 목소리, 질문 시기, 질문하는 단어의 선택 및 배치에 따라 다른 의미를 전달할 수 있으므로 주의를 요한다. 따라서 '왜'라는 질문보다는 '무엇이', '어떻게'라는 질문을 사용하여 광범위한 주제를 자유롭게 선택할 수 있는 기회를 제공하기 때문에 유용하다.

4) 전제형 질문

전제형 질문은 확인되지 않은 정보를 확실한 것처럼 전제로 하고 묻는 질문을 말한다. "당신이 오늘 상품을 가지러 간 게 몇 시인가요?"라는 질문은 오늘 상품을 가지러 갔다는 것을 전제로 한 질문으로, 이보다는 "당신은 오늘 상품을 가지러 간 적이 있습니까?"라는 질문을 먼저 하는 것이 더 바람직하다.

5) 폐쇄형 질문

폐쇄형 질문은 집중해서 질문하고 답해야 하기 때문에 쉽게 지치고, 문제를 다양하게 탐색해 볼 기회가 줄어들 수 있다. 이 질문은 질문에 대해서 상대방이 매우 제한된 범위 내에서 응답한다는 단점을 가지고 있다. 즉, 단답형, 심문형의 질문과 함께 대화과정이 상대방에게 위협적일 가능성이 있다는 것과 딱딱하고 답답한 진행으로 인해 대화가 지루해질 가능성이 높다는 점을 주의해야 한다.

사례 2

영희 : '상미와 왜 자꾸 마찰이 생기게 되나요?'
수진 : '유진이는 왜 김철수 학생의 수업을 거부하나요?'
영미 : '다른 구성원들과 갈등이 왜 생기게 되었는지 아시나요?'

활동 2

위의 사례에 대한 다음 질문에 대하여 각자의 생각을 정리하고, 자신의 의견을 팀원들과 공유하시오.

1. 위의 질문들은 '왜'의 질문인데, '어떻게' 또는 '무엇'으로 바꾸어 질문해 보시오.

영희 :

수진 :

영미 :

2. 본인이 답변해야 할 당사자라면 '왜' 질문과 '어떻게' 또는 '무엇'의 질문을 받았을 때 답변에 어떤 차이가 있는지 서로 질문하고 답변해 보시오.

3. '어떻게' 또는 '무엇' 질문의 효율성에 관하여 토의해 봅시다.

활동 3 치료적 의사소통 연습하기

대학 생활에서 힘든 점을 한 사람씩 5분 정도 이야기하고 나머지 조원들은 의사소통 기술을 활용하면서 대화를 진행해 봅시다. 30분 정도의 소그룹 활동을 마친 후 각자 아래 항목에 따라 집단 구성원들의 의사소통에서 구체적 예시를 제시해 봅시다.

1. 경청하기	
2. 구체화하기	
3. 질문하기	
4. 의견을 말하기	
5. 피드백하기	
6. 유머 사용하기	

출처: 김선아(2021). 환자 안전을 위한 의사소통.

학습 성찰

학습한 내용 중 본인의 생활에 적용 가능한 내용과 적용 계획을 작성해 보자.

평가내용	자가진단				
	1	2	3	4	5
질문의 중요성과 유형을 설명할 수 있다.					
효과적인 질문의 조건을 설명할 수 있다.					

내용	적용

CHAPTER

03

의사표현능력

일반목표

의사표현의 개념과 중요성을 이해하고, 업무 수행과정에서 의사표현능력을 향상시킬 수 있다.

세부목표

1. 의사표현의 개념을 설명할 수 있다.
2. 의사표현의 중요성을 설명할 수 있다.
3. 설득적 의사표현을 설명할 수 있다.
4. 의사표현의 방해요인을 설명할 수 있다.
5. 효과적인 의사표현법을 설명할 수 있다.

주요용어

의사표현, 의사표현의 중요성, 설득적 의사표현, 효과적인 의사표현, 의사표현 방해요인

미리보기

현대 경영학의 아버지로 불리는 Peter Ferdinand Drucker(피터 드러커)는 "인간에게 가장 중요한 능력은 자기 표현력이며, 현대의 경영이나 관리는 커뮤니케이션에 의해 좌우된다."라고 말했다. 이는 개인은 물론 기업까지도 커뮤니케이션 능력이 중요하며, 이 능력에 따라 성패가 좌우됨을 강조한다. 오늘날은 다른 어떤 능력보다도 커뮤니케이션 능력이 뛰어난 사람이 성공하는 시대다.

이런 시대 흐름에 따라 표현 능력 즉, 말하기 능력을 키우기 위해 많은 노력을 쏟고 있다.

스피치 학원에 다니고 대화 스킬에 관련한 책을 읽는다. 하지만 많은 사람이 간과하고 있는 사실이 있다. 커뮤니케이션이란 일방적인 자기표현이 아니라 쌍방향이라는 점이다. 물론 독백도 있지만 독백 역시 자신이라는 대화 상대가 있다. 독백을 통해 스스로의 감정을 점검하고, 합리화를 하는 것이다.

출처: 조윤제(2019). 우아한 승부사.

01 의사표현 개념과 중요성

1) 의사표현의 개념

의사표현이란 특정 사물이나 사건에 대해 자기 생각을 타인에게 전달하는 실제적인 말하기이다. 다시 말해, 말하는 사람이 특정 사물이나 사건, 현상에 대해 자신의 생각과 감정을 듣는 사람에게 음성언어나 신체언어로 표현하는 행위를 의미한다. 의사표현 방식에는 음성언어와 신체언어가 있는데, 음성언어는 입말로 표현하는 구어이고, 신체언어는 몸의 한 부분으로 표현하는 몸말을 말한다.

말은 우리 생활에 매우 중요한 영향을 미친다. 따라서 말하는 방법, 즉 의사표현법을 익히는 노력이 있어야 한다. 일상생활 속에서 하는 말이 곧 나를 보여주는 동체적인 모습이라는 점을 항상 인지하고 있어야 한다. 어떤 이는 공식조직에서 하는 말과 가정이나 친구 등 일상생활에서 하는 말이 매우 다르게 나타나는 경우를 보게 되는데, 이는 주변 사람들이 자신을 평가하는 토대가 된다.

의사표현 방식은 의사소통의 중요한 수단이다. 말하는 화자는 의도나 목적을 가지고 가장 적절한 표현을 사용하여 상대방에게 말을 전달한다. 의사소통의 중요한 수단인 말하기가 사용되는 예를 들어보면 다음과 같다. 첫째, 말하기는 듣는 이에게 어떤 영향을 미치기 위한 것이다. 즉, 말하는 이는 듣는 이의 생각을 변화시키려는 의도를 내포하고 있다. 둘째, 필요한 정보를 제공받기 위하여 질문하는 경우도 있다. 셋째, 어떤 일을 해주도록 요청할 때 말하기를 사용한다.

직장에서 의사표현은 자신의 업무 수행에 매우 큰 영향을 미친다. 상대방에게 무엇을 요구하는지, 어떤 일을 하는 것인지, 어떻게 지시하는 것인지 등, 직장생활에서 의사표현이 애매한 경우, 업무의 혼란을 가져오는 경우가 매우 많다.

2) 의사표현의 종류

의사표현의 종류는 상황에 따라 공식적 말하기, 의례적 말하기, 친교적 말하기로 구분하며(〈표 3-2〉), 구체적으로 대화, 토론, 보고, 연설, 인터뷰, 낭독, 구연, 소개하기, 안내하는 말하기 등에 의해 이루어지게 된다.

| 표 3-2 | 의사표현의 종류

구분	내용
공식적 말하기	사전에 준비된 내용을 대중을 상대로 하여 말하는 것이다. 공식적 말하기에는 연설, 토의, 토론 등이 있는데, 연설은 혼자 여러 사람을 대상으로 자기의 사상이나 감정에 관하여 일방적으로 말하는 방식이고, 토의는 여러 사람이 모여서 공통의 문제에 대하여 가장 좋은 해답을 얻기 위해 협의하는 말하기이다. 토론은 어떤 논제에 관하여 찬성자와 반대자가 각기 논리적인 근거를 발표하고, 상대방의 논거가 부당하다는 것을 명백하게 하는 말하기이다.
의례적 말하기	정치 · 문화적 행사에서와 같이 의례절차에 따라 말하기이다. 예를 들어 식사, 주례, 회의 등이 있다.
친교적 말하기	매우 친근한 사람들 사이에 가장 자연스런 상황에서 떠오르는 대로 주고받는 말하기이다.

출처: 고선미 외(2017). NCS 의사소통 액션북-경청과 의사표현.

3) 의사표현의 중요성

의사표현은 그 사람의 이미지를 결정한다. 의사표현의 전문가가 아니더라도 말을 할 때 영상언어를 사용하면 상대가 잘 기억한다는 것을 알고 있을 것이다. 즉, 마치 그림을 그리듯이 언어를 이용해서 이미지를 만들어내면 그 미학적 효과로 인해서 그 말은 살아 있고 더 역동적으로 상대방에게 전달된다는 것이다. 그리고 우리의 말에는 그보다 더한 힘이 감추어져 있다. 즉, 우리가 자주 하는 말에 의해 우리의 운명이 결정될 수 있다는 것이다. 말로 먹고사는 직업을 선택한 사람이 아닐지라도, 자신의 운명을 말과 더불어 하게 된다. 예를 들어 우울증을 앓고 있는 사람들의 언어적 표현의 특징은 죽고 싶다는 말을 많이 한다는 것이다. 죽고 싶은 생각이 들어서 우울증에 걸렸는지 혹은 우울증에 걸려서 죽고 싶은 것인지는 명확하지 않지만 문제는 자신이 죽고 싶다는 생각을 지속적으로 하고 표현함으로써 결과적으로 자살할 확률이 높아지게 되는 것이다.

일반적으로 사람을 판단할 때 여러 가지 판단기준 중 하나가 얼굴이다. 관상가들의 말에 의하면 관상이라는 것이 그 사람이 어떻게 어떤 마음으로 살았느냐에 따라서 조금씩 변한다고 한다. 인색하게 재물만 모을 것 같은 관상도 남에게 베풀고 선행에 앞장서는 행동을 여러 해 동안 하다 보면 후덕하고 온화한 상으로 변한다는 것이다. 이와 같이 우리도 말을 통하여 이미지를 바꾸는 것이 가능하다. 즉, 말의 표현을 통해 자기 자신의 이미지를 성공하는 사람으로 바꿀 수 있다.

02 의사표현에 영향을 주는 요인

의사표현에 영향을 주는 요인으로는 여러 가지 열거할 수 있지만, 연단공포증, 말, 음성, 몸짓, 유머 등 5가지가 있다.

1) 연단공포증

우리는 연단에 섰을 때, 정도의 차이는 있지만 누구나 가슴이 두근거리고 입술이 타고 식은땀이 나고 얼굴이 달아오르는 생리적인 현상을 느끼게 된다. 독일의 유명한 가수 슈만 하이크는 “음악회에서 노래를 부를 때 심리적 긴장감을 갖지 않느냐?”는 한 기자의 질문에 대해 “노래하기 전에 긴장감을 느끼지 않는다면, 그때는 내가 은퇴할 때다."라고 솔직히 연단공포증을 고백한바 있다. 또한 영국의 유명한 작가 버나드 쇼도 젊은 시절 매우 내성적인 청년이었기 때문에 잘 아는 사람의 집을 방문할 때도 그 집의 문을 두드리지 못하고, 20분이나 문밖에서 망설이고 거리를 서성거렸었다. 이러한 그가 자신의 내성적인 성격을 극복하기 위하여 런던에서 공개되는 모든 토론에 의도적으로 참가한 결과 장년에 이르러서야 20세기 전반에 가장 재치와 자신이 넘치는 웅변가가 될 수 있었다고 그의 자서전에서 밝히고 있다. 이와 같이 연단공포증은 소수인의 심리상태가 아니라 90% 이상의 사람들이 호소하는 불안이다. 그러므로 이를 너무 걱정할 필요는 없으며, 오히려 이러한 심리현상을 잘 통제하면서 구두표현을 한다면 청자는 그것을 더 인간다운 것으로 받아들이게 될 것이다.

이러한 공포증은 완전히 치유될 수는 없다. 그러나 식사나 수면 욕구를 다소 통제할 수 있듯이 우리는 의사전달 시 노력에 의해서 우리를 당황케 하는 심리적 불안을 다소 감소시킬 수는 있다.

연단공포증을 극복하는 방법

익숙하지 못한 임무, 생소한 환경, 의사표현 성과에 대한 불안 등이 심리적 불안 요인이다. 이러한 요인들은 다음과 같은 방법으로 극복할 수 있다.

- 완전무결하게 준비하라.
- 사람들 앞에서 말할 기회를 자주 가져라.
- 발표 내용은 주어진 시간보다 더 많이 준비하라.
- 충분히 휴식하라.
- 처음부터 웃겨라.
- 심호흡을 하라.
- 상대방에 대한 분석을 철저히 하라.
- 상대방의 코를 보라.

2) 말

의사표현, 즉 말은 일회성이기 때문에 우리는 책임 있는 말을 해야 한다. 또한 현대 사회는 복잡한 사회이다. 그러기에 우리는 가능하다면 간결하게 상대방에게 의사전달을 하여야 한다. 또한 화자의 발음이 정확한지의 여부도 그 사람의 의사표현에 미치는 영향이 매우 크다.

｜표 3-3｜ 말의 중요 요소

구분	내용
장단	목소리의 길이는 한 음절을 얼마나 오래 끌며 발음하느냐를 뜻한다. 소리의 길이 문제도 우리말에서 그다지 큰 문제가 되지 않지만 같은 '말'이지만 짧게 발음하면 말(馬)이 되고, 길게 발음하면 말(語)이 된다. 즉, 표기가 같은 말이라도 소리가 길고 짧음에 따라 전혀 다른 뜻이 된다. 이런 단어의 경우 긴소리와 짧은소리를 구분하여 정확하게 발음할 필요가 있다.
고저	우리말에는 낱말의 구조에 따라 소리 남에 차이가 생기는 고조 현상이 있다. '암행어사 출두요!' 할 때 어사의 '어' 음이 보통 '어린이'의 '어' 음과는 소리 남이 다르다. '아가를 등에 업다'와 '돈이 없다'에서 '업'의 경우도 마찬가지다. 음의 장단과 겹치는 현상이기도 한데, 이는 음의 고저에서 높은 '어'가 그 발음이 길기 때문이다. 이 외에도 거북하다, 거룩하다, 거부권, 헌법, 건물, 검사, 서무과, 거인 등의 높은 '어'로 발음이 된다.
발음	사람들과 말하는 것은 의사전달을 하기 위함이다. 그런데 발음이 분명하지 못하면 상대가 여러분이 말하고자 하는 것을 정확히 파악하기 어렵다. 발음이 분명하지 못한 사람들은 대다수가 한 구절의 끝 부분을 얼버무린다. 사투리를 사용하는 사람도 마찬가지이다. 발음을 정확하게 하기 위해서는 천천히 복식 호흡을 하여 깊은 소리를 내며 착하게 이야기하는 습관을 가져야 한다.
속도	말을 할 때 속도에 의도적으로 변화를 주면 말하는 사람의 감정을 표현할 수 있다. 날카롭게 또는 화나서 말하면 말이 빨라진다. 그러나 정중하게 또는 상냥하게 말하면 다소 느려진다. 중간 속도라는 것은 속도가 너무 빠르지도 느리지도 않게 말하는 것을 의미하는데, 여러 사람 앞에서 말할 때는 어느 정도의 속도가 가장 적당할까? 발표할 때 기본적인 말의 보통 속도는 10분에 200자 원고지 15장 정도로 하는 것이 적당하다. 목소리의 빠르기는 이 기준보다 얼마나 많은 말을 하느냐를 가리킨다. 빠르게 말하면 내용 전개가 빨라지기 때문에 청중이 듣기에 급급해서 생각할 틈이 없게 되고 들어야 할 메시지를 놓친 것이 있다고 느낀다. 또한 말을 빨리하는 것은 말하는 사람이 바쁘고 성의 없는 느낌을 주게 된다. 반대로 느리게 말하면, 분위기가 처지게 되어 청중이 내용에 집중을 하지 못하게 되거나 과도하게 느리게 되면 화자가 생각하는 방식도 느리다고 청중은 인식하게 된다. 자신이 평

구분	내용
	소에 빠르거나 느리게 말하는 습관이 있다면 말하는 속도를 검토해 보며 보통의 속도대로 말하려고 노력하는 것이 좋다.
쉼	쉼이란 이야기 속에 주어지는 침묵의 시간을 말한다. 이는 심리적 효과를 증대시키기 위하여 의식적으로 말을 끊는 것으로, 이를 잘 활용함으로써 우리는 논리성, 감정제고, 동질감 등을 확보할 수 있다. 듣기 좋은 속도와 이야기에서 숨의 총량이 이야기 전체의 35~40%가 적당하다는 주장이 있다.
띄어 말하기	띄어 말하기란 분절에 의해 문장이 전후가 구분되는 호흡단위이다. 이러한 음성분절의 원인은 첫째, 발화시라도 숨을 들이쉬면 발음 운동이 일시 정지되고, 둘째, 이야기를 남에게 쉽게 이해시키려면 일시 발언이 멈춰지고, 셋째, 국적 표현일 때 발언이 일시 공백이 필요한 경우가 있다. 넷째, 말을 잘못했을 때 역시 음정이 분절된다.

출처: 한국산업인력공단(2016). 대인관계능력 학습자용 워크북.

3) 음성

좋은 음성이란 개인의 취향, 시대, 지방, 직업에 따라 그 기준이 달라질 수 있다. 목소리는 메시지의 전달뿐만 아니라 화자에 대한 인상을 반영한다. 즉, 약하고 여린 목소리는 화자의 용기와 열성을 감소시키며, 단조로운 목소리는 내적 열정을 잠자게 한다. 청자의 주의를 환기시키는 청각표현은 다음과 같다.

첫째, 편안한 마음으로 경청할 수 있는 적절한 크기의 목소리를 가져야 한다.

둘째, 분명하고 명확한 음성을 갖아야 한다.

셋째, 음성에는 온도와 색깔이 있으므로 내용에 따라 음성을 변화시키는 요령을 습득해야 한다. 최근의 스피치 연구가들은 일정한 음성을 유지하다가 보다 낮은 목소리로 갑자기 전환하는 것이 오히려 보다 높은 목소리로 전환하는 것보다 강조의 효과적 수단이라고 주장하고 있다.

넷째, 목소리는 그 사람의 개성, 연령, 인생 체험의 깊이와 밀접한 연관을 갖는 만큼 개인의 여건에 맞는 진실성 있는 목소리를 내야 한다.

음성을 좋게 하는 방법

- 숨을 얕게 들이마시면 목소리가 떨리므로 숨을 깊게 들이마셔라.
- 음가를 정확히 내기 위해서는 입을 크게 벌려라.
- 입안이 타는 듯하면 소금을 먹어라.
- 긴장이 되면 껌을 씹어라.
- 당분과 지방질 음식이 성대 보호에 좋다(오미자차, 꿀, 과일, 주스, 사탕 등).
- 술과 담배를 절제하고 충분한 휴식을 취하라.

4) 몸짓

우리는 각기 다른 정도이기는 하지만 의사를 표현할 때 두려움을 경험한다. 이 공포증을 감소시키기 위하여 우리는 다양한 방법을 준비하고, 심리적 불안은 정상적인 것으로 생각하여 안정을 회복하며 내용에 부합되는 제스처로써 오히려 이것을 긍정적인 방향으로 전환해야 한다.

성공적인 화자는 언어적인 요소와 비언어적인 요소를 잘 결합하여 '어떻게'와 '무엇을'이 일치되도록 노력해야 한다. 청자에게 인지되는 비언어적 요소로 대체로 화자의 외모 동작 등을 들 수 있다.

몸짓을 자연스럽게 하는 방법

- 두 다리 사이를 너무 넓게 벌리지 않는다.
- 몸의 체중을 한쪽 다리에 의존하지 않는다.
- 지나치게 경직된 자세를 피한다.
- 갑자기 자세를 고치지 않는다.
- 뒷짐을 지거나 팔짱을 끼거나 손을 주머니에 넣지 않는다.
- 상대방의 시선을 본다.
- 시선을 골고루 배분한다.
- 눈동자를 함부로 굴리지 않는다.
- 시선을 둘 곳에 둔다.
- 대화의 시선을 일치시킨다.

5) 유머

유머가 없는 의사표현은 새가 없는 정원에 비유될 수 있다. 또한 일정한 속도로 달리는 고속버스 같아 청자에게 지루한 감을 준다. 건전한 유머를 만끽하며 살아갈 수 있다면 우리의 하루하루 생활은 더욱더 기쁘고 즐겁고 유쾌한 생활이 될 것이다.

유머는 흥미 있는 이야기로 과장된 표현을 해야 할 때, 권위에 대한 도전할 때, 자기 자신을 미화시켜야 할 때, 엄숙한 분위기를 가볍게 만들 때, 변덕스러운 말로 풍자 또는 비교로 반대 의사를 표현할 때, 모방으로 예기치 못한 방향 전환이 필요할 때, 아이러니 등의 방법이 인용될 때 효과적이다.

03 의사표현을 위한 지침

원활한 의사표현을 위해서는 다른 사람의 마음을 읽어낼 줄 알아야 한다. 좋은 말은 더 기분 좋게 부담스러운 내용이라도 실망이나 다툼을 야기하지 않고 상호 이해할 수 있도록 부드럽게 처리하는 요령이 필요하다. 성의 있고 진실한 자세, 상대에 대한 세심한 관찰, 긍정과 공감에 초점을 둔 의사표현 기법을 습득하고 있다면 안정감 있는 인간관계를 이루는 것이 그리 어렵지는 않을 것이다.

1) 올바른 화법을 위해 독서를 하라

대화는 일방적인 것이 아니라 주고받는 것이다. 따라서 상대방의 채널에 맞춘다는 기분으로 하는 것이 바람직한 의사표현법이다. 핵심은 구체적으로 짚되, 표현은 가능한 간결하게 한다. 중언부언은 가장 나쁜 의사표현이다. 상대방이 말할 때 '지금 당신의 이야기를 이해하고 있다'는 신호를 보내면서 가능한 끝까지 들어준다. 올바른 의사표현법의 기본은 독서에 있다. 유창하고 능숙한 말솜씨를 가지려면 풍부한 어휘력이 필요한데 어휘력을 기르는 데는 책을 읽는 것이 크게 도움이 된다.

2) 좋은 청중이 되라

말을 잘하는 사람은 남의 말을 잘 듣는 사람이다. 평판 좋은 이들을 보면 대개 말수가 적고 상대편보다 나중에 이야기하며 다른 이의 말에 귀를 기울인다는 것을 알 수 있다. 의사표현의 목적을 파악한 뒤 그 기준에 맞추어 상대방의 말을 경청한다. 상대방의 말이 채 끝나기 전에 어떤 답을 할까 궁리하는 것은 좋지 않다. 주의가 분산돼 경청에 몰입하는 것이 어려워지기 때문이다. 불필요한 감정, 시간의 소모 없이 생산적인 의사표현을 이끌어 가기 위해서는 상대방의 성격, 인품, 습관을 미리 파악하는 것도 한 방법이다.

3) 칭찬을 아끼지 마라

칭찬은 고래도 춤추게 한다는 말처럼 듣는 사람이 누구든 기분 좋게 만든다. 그러나 칭찬도 너무 자주 하면 아부처럼 들린다. 칭찬은 상대방이 자신의 일에 분발하도록 하는 동기부여로 사용된다.

4) 공감하고, 긍정적으로 보이게 하라

가장 쉬운 방법은 상대편의 말을 그대로 받아서 맞장구를 치는 것이다. 맞장구를 쳐주면 상대방이 편안함을 느낄 것이다. 사람은 자신의 희로애락에 공감하는 이들에게서 안정감과 친근감을 느끼기 때문이다. 긍정적으로 보는 기술도 필요하다. 그때그때 적절한 감탄사를 동원하여 맞장구를 치면서 조심스럽게 의견을 제시하면 상대방은 자신의 말을 경청하고 있음을 확실히 느낄 것이다.

5) 겸손은 최고의 미덕임을 잊지 마라

누구나 다른 사람 앞에서 자신의 장점을 자랑하고 싶어하는 심리가 있다. 그러나 이러한 욕구를 적정선에서 제어하지 못하면 만나는 게 부담스럽고 껄끄러운 사람으로 낙인찍힌다. 내면적으로 자신감을 갖고 있는 것과 잘난 척하는 것 사이에는 큰 차이가 있다. 장점은 남이 인정해 주는 것이지 자신이 애써 부각시킨다고 해서 공식화되는 것이 아니다. 또한 너무 완벽해 보이는 사람에겐 거리감이 느껴질 수도 있으므로, 자신의 단점과 실패담을 이야기함으로써 더 많은 지지자를 얻을 수 있다는 사실을 기억해야 한다.

6) 과감하게 공개하라

비밀의 공유는 강력한 유대감을 불러온다. 좋은 관계를 유지하고 싶은 상대방에게 먼저 자신의 속내를 드러낸다면 상당한 효력을 발휘할 것이다. 이는 곧 신뢰의 표현이기 때문이다.

7) 뒷말을 숨기지 마라

별일 아닌 일에도 버릇처럼 심각한 표현을 사용하는 사람들이 있다. 이는 사실대로 칭찬하거나 감탄하는 대신에 석연치 않은 모습을 풍겨 상대방의 감정을 상하게 하기 때문에 피해야 할 대표적인 어법 중 하나이다. 특수한 상황이 아니라면 비꼬거나 빈정대는 듯한 표현은 삼가는 것이 좋다. 산뜻한 칭찬과 비판은 의사표현의 격을 높인다. 반대로 단정적인 말은 금물이다. 따라서 같은 내용이라도 보다 완곡하게 표현할 수 있도록 평소에 훈련해야 한다.

8) 첫마디 말을 준비하라

의사표현에도 준비가 필요하다. 첫 만남을 앞둔 시점이라면 어떤 말로 이야기를 풀어갈지 미리 생각해 두는 것이 좋다. 재치 있는 말이 떠오르지 않을 때는 신문 또는 잡지를 참고하거나 그날의 대화 주제와 관련된 옛 경험을 떠올려보는 것도 한 방법이다. 사업상의 만남일 경우 상대방이 미처 생각하지 못하고 있을 법한 분야에 대한 지식을 한두 가지라도 쌓아두면 큰 도움이 된다.

9) 이성적인 논리에 감성을 포함시켜라

논리적 언변은 대화를 이끌어 가는 데 큰 힘이 된다. 그러나 이견이 있거나 논쟁이 붙었을 때 무조건 앞뒤 말의 논리적 개연성만 따지고 드는 자세는 바람직하지 않다. 그러한 자세는 사태 해결에도 도움이 되지 않지만, 설사 논쟁에서 승리한다 해도 두 사람의 관계를 예전으로 돌려놓는 것은 거의 불가능해진다. 토론, 토의, 공청회 등에는 진지하게 임하되 인신공격성 발언은 피하도록 한다. 또한 제압을 위한 논리를 앞세우지 말고, 합의를 위한 논리를 지향해야 한다. 논쟁이 일단락된 다음에는 반드시 서로의 감정을 다독이는 과정을 밟도록 한다. 논쟁 자체가 큰 의미가 없는 것일 때는 감정에 호소하는 말로 사태를 수습하는 것도 나쁘지 않은 방법이다.

10) 대화의 규칙을 지켜라

좋은 의사표현에는 일정한 규칙이 있다. 첫째, 상대방의 말을 가로막지 않는다. 둘째, 혼자서 의사표현을 독점하지 않는다. 셋째, 의견을 제시할 때는 반론 기회를 준다. 넷째, 임의로 화제를 바꾸지 않는다는 것이다. 이러한 규칙들은 우리가 이미 알고 있지만 지키기는 쉽지 않다. 말을 주고받는 순서, 그리고 자기가 하려는 말의 분량을 늘 염두에 두고 있으면 실수를 줄일 수 있다.

11) 문장을 완전하게 말해라

그냥 "됐어요."라고 하는 것보다는 "저 혼자 옮길 수 있습니다."라든지, "갈게요."보다는 "다녀오겠습니다."가 훨씬 단정하고 분명하다. 축약된 말은 자칫 무례하거나 건방지다는 느낌을 줄 수 있지만, 바른말로 이루어진 완전한 문장은 말하는 이의 품격을 높여줄 뿐 아니라 원활한 의사소통에 도움이 된다.

사례 1

배우 A씨는 자신의 인스타그램에 충격적인 의료사고를 올렸다. 사고 내용은 실밥을 제거해 살이 움푹 파인 상처가 그대로 드러난 모습으로 어느 누가 봐도 심각한 상황임을 알 수 있다. 배우 A씨는 지방종이 위치한 부위보다 아래쪽으로 파고들어 지방종을 제거할 계획이었다. 그 이유는 연예인이라는 특수한 직업 때문에 상처를 가려보기 위함이었다. 배우 A씨는 지방종 제거 수술을 받다 의료사고를 당했다고 했지만, 병원에서는 보상에 대해 별도의 언급이 없었다고 밝혔다. 반면, 배우 A씨를 집도한 의사는 자신의 의료사고 과실을 인정했는데, 병원은 의료사고로 인정하지 않았다. 결국은 의사와 환자, 병원과 의사 간 의사소통 실패 사례로 볼 수 있다.

출처: 박지효, 업다운뉴스(2018.04.23.).

활동 1

위의 [사례 1]을 보고 병원과 배우 A씨의 원만한 표현 방법에 대해 토론하여 정리하시기 바랍니다.

사례 2

아이돌… 어쩌나…○○○, 갑질 폭로 이어 탈퇴 요구까지 활동 비상

아이돌 그룹의 ○○○이 스타일리스트 겸 에디터의 갑질 폭로로 '예민美'로 포장되던 인성을 재평가 받고 있다. ○○○과 소속사 M엔터테인먼트 모두 사과했지만, 관련 논란은 계속해서 이어지는 상황이다. ○○○의 갑질 파문으로 인해 아이돌 팀 활동에도 빨간불이 켜졌다. 아이돌 그룹은 오는 24일 열리는 '20**년 한국문화축제'에서 팬 미팅 라이브를 진행할 예정이었으나, 불참 의사를 전달한 것으로 알려졌다. '20**년 한국문화축제'의 글로벌 한류 홍보대사로 활약했던 아이돌 그룹은 유튜브 라이브를 진행하기로 했으나, 이틀째 계속되는 논란으로 인해 결국 팬 미팅 취소를 결정했다.

○○○이 주연을 맡은 첫 영화 '더블패티'(가제)도 ○○○ 관련 후폭풍을 피하지 못할 것으로 관측됐다. '더블패티'는 당초 올 연말 개봉을 목표로 하고 있었지만 크랭크업 일정 변동 및 극장 상황 등을 고려해 내부적으로 내년 상반기 개봉을 확정했다.

앞서 스타일리스트 겸 에디터 A씨는 한 아이돌의 '갑질'을 폭로했다. 해당 아이돌이 누구인지 명시하지 않았으나 해시태그로 한 인물을 지칭했다. A씨는 갑질 아이돌을 설명하며 "가까운 이들에게 검증된 인간실격, 웃음가면을 쓰고 사는(난색으로 유명하지만) 꼭두각시 인형, 비사회화된 어른 아이의 오래된 인성부재, 최측근을 향한 자격지심과 콤플렉스"라며 "완벽히 인사를 생략, 의자에 앉아 서 있는 내 면전에 대고 핸드폰을 손에 끼고 삿대질하며 말을 쏟아냈다"며 인성과 행실을 지적했다.

이에 ○○○은 사과문을 올리고 이를 반성했다. ○○○은 자신의 SNS에 "이번 일을 통해 지난 시간을 되돌아보니 나의 부족한 언행이 많이 부끄러웠다. 앞으로는 이런 일이 없도록 더욱 신중히 생각하고 행동하겠다"고 사과했다.

M엔터테인먼트 역시 공식입장을 통해 "○○○은 오늘 오후 해당 스타일리스트와 직접 만나, 경솔한 태도와 감정적인 언행으로 깊은 상처를 드린 점에 대해 진심으로 사과하였으며, 성숙하지 못한 모습으로 많은 분께 심려를 끼쳐 죄송하다"고 고개를 숙였다.

A씨는 M엔터테인먼트와 ○○○의 사과 후 폭로 글을 삭제했다.

그럼에도 불구하고 ○○○의 인성과 관련된 폭로 글은 계속해서 이어지고 있다. 처음 갑질 폭로를 올린 A씨 이후로 ○○○과 함께 화보 및 촬영을 진행했던 스태프들이 SNS에 관련 글을 올렸고, 해외에서도 ○○○의 태도를 지적하는 글들이 계속 올라왔다.

○○○의 사과에도 갑질 파문이 이어지자 일부 팬들은 아이돌 그룹을 위해서라도 ○○○이 팀에서 탈퇴하길 바란다는 의견도 나왔다. 또 아이돌 그룹의 화보에 참여했던 한 스태프도 "아이돌의 구성원이자 팀을 사랑한다면 팀을 탈퇴하는 게 답이라고 본다"고 일침을 날렸다.

출처: 뉴시스(2020.10.22).

사례 3

항공사 '땅콩 회항' 사무장 "○○○, 무릎 꿇리고 모욕주며 폭언"

항공사 '땅콩 회항' 논란에서 당시 비행기에서 내린 A(41) 사무장이 12일 당시 기내에서 ○○○ 전 부사장에게 폭언과 폭행은 당한 것은 물론 회사 측 거짓 진술도 강요받았다고 밝혀 파문이 일고 있다.

A 사무장은 이날 KBS와의 인터뷰에서 ○○○ 전 부사장이 마카다미아(견과류) 기내 서비스를 문제 삼고 출발한 비행기를 돌려서 내리라고 지시한 과정에서 폭언 및 폭행이 있었다고 말했다. 또 사건 후 거짓 진술을 강요받은 것도 폭로했다.

그는 "당시 ○○○ 전 부사장이 여승무원을 질책하고 있어 기내 서비스 책임자인 사무장으로서 용서를 구했지만 ○○○ 전 부사장이 심한 욕설을 했다"며 "서비스 지침서가 담긴 케이스의 모서리로 손등을 수차례 찔러 상처까지 났다"고 말했다.

그는 "나와 여승무원의 무릎을 꿇린 상태에서 모욕을 줬고 삿대질을 계속하며 기장실 입구까지 밀어붙였다"고 말했다. 이어 회항 경위 상황에 대해선 "(○○○ 전 부사장이) '당장 연락해서 비행기 세워, 나 이 비행기 못 가게 할 거야'라고 말했다"며 "오너의 딸인 그분의 말을 어길 수 없었다"고 덧붙였다.

현재 서울서부지검 형사5부 부장은 대한항공 KE086 항공기 승무원 진술을 토대로 작성된 진상보고서를 압수수색 과정에서 입수했으며, 이 내용 중에도 조 전 부사장의 폭언 내용이 담겨 있는 것으로 전해졌다.

출처: 여성신문(2014.12.13.).

활동 2

[사례 2], [사례 3]에서처럼 자신이 부당한 대우를 경험하였을 때, 적절한 의사표현과 해결 전략을 논의하여 발표합시다.

활동 3

의사표현 방법의 예로 두괄식으로 1분 자기소개를 해봅시다.

활동 4

자신의 의사표현을 하는 습관을 점검해 보고, 원활한 의사표현을 하기 위해서 어떠한 노력을 할 것인지 작성해 보자.

내용	O/×	개선점
나는 정확한 발음으로 분명하고 적당한 속도로 말한다.		
나는 자연스럽고 듣기 좋은 목소리로 말한다.		
나는 표준말로 상대나 상황에 맞는 어휘를 골라 품위 있게 쓴다.		
나는 어법에 맞고 상대에 알맞은 예사말과 높임말을 가려 쓴다.		
나는 말하는 상황에서 필요한 만큼의 정보를 제공한다.		
나는 말할 내용을 순서 있고 조리 있게 말한다.		
나는 내용의 요점을 빠뜨리지 않고 말한다.		
나는 상대나 상황에 맞는 화제를 골라 말한다.		
나는 상대를 존중하며 상대방의 입장과 처지를 생각하면서 말한다.		
나는 알기 쉽게 말한다.		
나는 미리 계획하지 않고 순발력 있게 즉흥적으로 대응한다.		
나는 활발하고 침착하고 협조적으로 말한다.		
나는 상황에 어울리는 효과적인 동작과 표정으로 말한다.		
나는 예의를 지키며 부드럽고 상냥하게 말한다.		

출처: 고선미 외(2017). 의사소통 액션북-경청과 의사표현.

학습 성찰

학습한 내용 중 본인의 생활에 적용 가능한 내용과 적용 계획을 작성해 보자.

평가내용	자가진단				
	1	2	3	4	5
의사표현의 개념과 중요성을 설명할 수 있다.					
설득적 의사표현과 효과적인 의사표현법을 설명할 수 있다.					

내용	적용

평가

❖ 체크리스트

기초직업능력으로서 의사소통능력을 학습한 것을 토대로 다음 표를 이용하여 자신의 수준에 해당되는 칸에 ∨표 하시오.

문항	매우 미흡	미흡	보통	우수	매우 우수
1. 나는 의사소통의 중요성을 설명할 수 있다.	1	2	3	4	5
2. 나는 의사소통의 능력과 종류를 구분하여 설명할 수 있다.	1	2	3	4	5
3. 나는 의사소통을 적절히 하여야만 하는 이유를 설명할 수 있다.	1	2	3	4	5
4. 나는 올바른 의사소통을 저해하는 요인에 대해 설명할 수 있다.	1	2	3	4	5
5. 나는 올바른 의사소통을 저해하는 요인을 제거하는 방법에 대해 설명할 수 있다.	1	2	3	4	5
6. 나는 효과적인 의사소통능력을 개발하기 위한 방법을 설명할 수 있다.	1	2	3	4	5
7. 나는 문서가 무엇인지 설명할 수 있다.	1	2	3	4	5
8. 나는 문서이해의 개념 및 특성에 대하여 설명할 수 있다.	1	2	3	4	5
9. 나는 문서이해의 중요성에 대하여 설명할 수 있다.	1	2	3	4	5
10. 나는 문서이해의 구체적인 절차와 원리를 설명할 수 있다.	1	2	3	4	5
11. 나는 문서를 통한 정보 획득 및 종합 방법을 설명할 수 있다.	1	2	3	4	5
12. 나는 다양한 문서의 종류를 구분하여 설명할 수 있다.	1	2	3	4	5
13. 나는 다양한 문서에 따라 각기 다른 이해방법을 알고 있다.	1	2	3	4	5

문항	매우 미흡	미흡	보통	우수	매우 우수
14. 나는 문서이해능력을 키우기 위한 방법을 알고 설명할 수 있다.	1	2	3	4	5
15. 나는 직장생활에서 필요한 문서가 무엇인지 확인할 수 있다.	1	2	3	4	5
16. 나는 문서를 작성해야 하는 목적 및 상황을 파악할 수 있다.	1	2	3	4	5
17. 나는 내가 주로 작성하는 문서가 어떻게 작성되어야 하는지 방법을 설명할 수 있다.	1	2	3	4	5
18. 나는 문서의 종류에 따라 적절하게 문서를 작성할 수 있다.	1	2	3	4	5
19. 나는 문서작성에서 시각적인 표현의 필요성을 설명할 수 있다.	1	2	3	4	5
20. 나는 문서작성에서 시각적인 표현을 효과적으로 사용할 수 있다.	1	2	3	4	5
21. 나는 경청의 개념을 설명할 수 있다.	1	2	3	4	5
22. 나는 경청의 중요성을 설명할 수 있다.	1	2	3	4	5
23. 나는 올바른 경청을 방해하는 요인들을 설명할 수 있다.	1	2	3	4	5
24. 나는 효과적인 경청방법에 대하여 설명할 수 있다.	1	2	3	4	5
25. 나는 경청훈련을 통하여 올바른 경청방법을 실천할 수 있다.	1	2	3	4	5
26. 나는 의사표현의 개념을 설명할 수 있다.	1	2	3	4	5
27. 나는 의사표현의 중요성을 설명할 수 있다.	1	2	3	4	5
28. 나는 원활한 의사표현을 방해하는 요인들을 설명할 수 있다.	1	2	3	4	5
29. 나는 효과적인 의사표현법에 대해 설명할 수 있다.	1	2	3	4	5
30. 나는 설득력 있는 의사표현을 실천할 수 있다.	1	2	3	4	5

출처: ncs.go.kr의 한국산업인력공단 NCS 학습모듈.

❖ 평가 방법

체크리스트 문항별로 자신이 체크한 결과를 아래 표를 이용하여 해당되는 개수를 적어보자.

학습모듈	점수	총점	총점/문항수
의사소통능력	1점 × ( ) 개		총점 / 6 = ( )
	2점 × ( ) 개		
	3점 × ( ) 개		
	4점 × ( ) 개		
	5점 × ( ) 개		
문서이해능력	1점 × ( ) 개		총점 / 6 = ( )
	2점 × ( ) 개		
	3점 × ( ) 개		
	4점 × ( ) 개		
	5점 × ( ) 개		
문서작성능력	1점 × ( ) 개		총점 / 6 = ( )
	2점 × ( ) 개		
	3점 × ( ) 개		
	4점 × ( ) 개		
	5점 × ( ) 개		
경청능력	1점 × ( ) 개		총점 / 6 = ( )
	2점 × ( ) 개		
	3점 × ( ) 개		
	4점 × ( ) 개		
	5점 × ( ) 개		
의사표현능력	1점 × ( ) 개		총점 / 6 = ( )
	2점 × ( ) 개		
	3점 × ( ) 개		
	4점 × ( ) 개		
	5점 × ( ) 개		

출처: ncs.go.kr의 한국산업인력공단 NCS 학습모듈.

❖ 평가 결과

다음 모듈별 평균 점수가 3점 미만인 '부족'인 학습자는 해당 학습모듈의 교재 장을 다시 학습하십시오.

출처: ncs.go.kr의 직업기초능력.

의 사 소 통

COMMUNICATION

별첨

【공문서 양식】

■ 예시 1

○○ 법인

회사명		전화		팩스	
주소					

문서번호 :

시행일자 : 20 년 월 일

수 신 :

참 조 :

<table>
<tr><td colspan="2">선결</td><td></td><td rowspan="2">지시</td><td colspan="2" rowspan="2"></td></tr>
<tr><td rowspan="3">접수</td><td>일자</td><td></td></tr>
<tr><td>시간</td><td></td><td rowspan="4">결재
·
공람</td><td></td><td></td></tr>
<tr><td>번호</td><td></td><td></td><td></td></tr>
<tr><td colspan="2">처리과</td><td></td><td></td><td></td></tr>
<tr><td colspan="2">담당자</td><td></td><td></td><td></td></tr>
<tr><td colspan="2">심사자</td><td></td><td colspan="2">심사일</td><td></td></tr>
</table>

■ 제목 :

---

1. 귀사의 무궁한 발전을 기원합니다.

2.

---------- 아 래 ----------

가.

-
-
-

나.

-
-
-

○○ 법인 회사 대표이사○○○

■ 예시 2

○ ○주식회사

○○○-○○○ ○○시 ○○구 ○○동 TEL:○○○-○○○ FAX:○○○-○○○
홈페이지 : www.○○○○.com E-mail : ○○○○@○○○○.○○○ 담당 : ○○○

문서번호 :

시행일자 :

수 신 :

참 조 :

<table>
<tr><td colspan="2">선결</td><td></td><td>지시</td><td colspan="2"></td></tr>
<tr><td rowspan="2">접수</td><td></td><td></td><td rowspan="4">결재
·
공람</td><td></td><td></td></tr>
<tr><td></td><td></td><td></td><td></td></tr>
<tr><td colspan="2">처리과</td><td></td><td></td><td></td></tr>
<tr><td colspan="2">담당자</td><td></td><td></td><td></td></tr>
</table>

제 목 : 사무실 이전에 따른 주소변경 통보

1. 귀원의 일익번창 하심을 기원합니다.

2. 저희 회사는 20 년 월, 「○○○를 기반으로 하는 ○○○시스템 및 ○○○프로그램」 개발을 위해 귀원으로부터 ○○○개발 ○○○사업을 지원받았습니다.

3. 20 년 월 일, 아래와 같이 사무실을 이전하였기에 ○○○사업취급요령에 따라 사무실 이전에 따른 주소변경을 보고합니다.

-아 래-

구분	변경 전	변경 후
주소		
전화(팩스)		

※ 첨 부 : 사업자등록증 사본 1부.

○○주식회사 대표이사○○○

【기획서 양식】

■ 예시 1

<table>
<tr><td colspan="4" align="center">마케팅 기획서</td></tr>
<tr><td>작성자</td><td></td><td>작성일자</td><td>20 년 월 일</td></tr>
<tr><td>제 목</td><td colspan="3"></td></tr>
<tr><td>주요 타깃층</td><td colspan="3"></td></tr>
<tr><td>마케팅
상세 전략</td><td colspan="3"></td></tr>
<tr><td>세부추진계획</td><td colspan="3"></td></tr>
<tr><td>기대효과</td><td colspan="3"></td></tr>
</table>

■ 예시 2

기 획 서

수신 : ○○○ 영업부 이사
참조 : ○○○ 생산본부장
작성자 : ○○○기획실장
작성일 : 2023년 2월 14일

제목 : 신형 한국형 김치냉장고 상품에 관한 건

1. 기획의 목적

당사가 20○○년에 신제품으로 발매했던 김치냉장고 ○○은 당시 폭발적인 인기상품으로 판매되었다. 당시 ○○을 구입한 가정에서는 9-10년이 지난 현재 시점에서 좀 더 새롭고 매력적인 상품에 대한 구매 의사를 가지고 있을 것으로 판단된다.

이에 소비자들의 요구를 충분히 수렴하여 새로운 기능을 갖춘 냉장고를 제작 판매함으로써 수요층을 지속적으로 확대시키고자 함.

2. 기존 제품의 기능과 문제점

- 김치, 야채의 신선한 보존이 어렵다.
  김치를 보관할 때 적당한 산도를 유지시키지 못하고 금세 시게 만들거나 얼어버린다. 또한 한꺼번에 이용하지 못한 야채를 냉장해 두어도 이내 시들어 버리며 결국은 버리게 된다.

3. 대응책

위 문제점의 해결이 신형 한국형 김치냉장고 ○○○의 개발 포인트가 될 것으로 생각된다.
타사에서도 현재 그 문제를 중점으로 대응하고 있기 때문에 액션을 시급히 취해야 할 필요가 있다.

4. 기획 포인트

1) 고습도를 유지하는 '야채실'을 부가한다.
2) 맛을 잃지 않고 보존할 수 있는 '급랭실'을 만든다.

5. 기대 효과

젊은 층을 중심으로 식생활이 변화되고 있는 만큼, 시장성이 충분하다고 사료됨.

6. 목 표

3개월 이내에 시제품을 완성, 5개월 이내에 양산체제를 확립하여 내년 여름 성수기 판매에 대비한다. 목표 수요층은 기존 제품을 신제품으로 바꿀 시기에 와 있는 가정 및 결혼을 앞둔 자녀가 있는 가정.

- 끝 -

【기안서 양식】

■ 예시 1

기 안 서

<table>
<tr><td>부서기호</td><td>문서분류번호</td><td>문서일련번호</td><td>보전년한</td><td colspan="5" rowspan="2">위임 전결규정 제 조항에
의거 전결사항</td></tr>
<tr><td></td><td></td><td></td><td>2</td></tr>
<tr><td>기안자</td><td colspan="2">기획팀</td><td rowspan="3">결재</td><td>담당</td><td>주임</td><td>대리</td><td>팀장</td><td>사장</td></tr>
<tr><td>기안일자</td><td colspan="2">20△△년 04월 29일</td><td rowspan="2"></td><td rowspan="2"></td><td rowspan="2"></td><td rowspan="2"></td><td rowspan="2"></td></tr>
<tr><td>시행일자</td><td colspan="2">20△△년 04월 29일</td></tr>
<tr><td>경유</td><td colspan="2"></td><td colspan="6" rowspan="3"></td></tr>
<tr><td>수신</td><td colspan="2">대표이사</td></tr>
<tr><td>참조</td><td colspan="2"></td></tr>
<tr><td>제목</td><td colspan="8">택배 4월분 결재에 관한 기안서</td></tr>
</table>

택배 4월분 결재에 관하여 아래와 같이 기안을 하오니 확인 후 결재해 주시기 바랍니다.

〈아래〉

- 내 용 : 택배비 4월분 결재에 관한 기안서
- 총 건 수 : 220건
- 일반건수 : 220건 (3,000원 * 220건 = 660,000원)
- 제주도건 : 2건 (5,800원 * 2건 = 11,600원)
- 결재금액 : 671,000원
- 결재형태 : 계좌이체
- 결재계좌 : 121234-56-000000
- 결재은행 : 은행
- 예 금 주 : (주)택배

-특이사항-

■ 예시 2

기안문

<table>
<tr><td colspan="2">문서번호</td><td colspan="4">경영 20△△-1-000</td><td colspan="3">전결규정 제 조 항 전결사항</td></tr>
<tr><td rowspan="2">결재</td><td>담당</td><td>주임</td><td>대리</td><td>과장</td><td>차장</td><td>이사</td><td>사장</td><td>회장</td></tr>
<tr><td></td><td></td><td></td><td></td><td></td><td></td><td></td><td></td></tr>
<tr><td>기안자</td><td colspan="8">김영실</td></tr>
<tr><td>기안
일자</td><td colspan="8">20△△. 5. 7</td></tr>
<tr><td>시행
일자</td><td colspan="8">20△△. 6</td></tr>
<tr><td rowspan="2">경우
수신
참조</td><td colspan="4" rowspan="2"></td><td>발신</td><td>통계</td><td>처리기간</td><td>보존년한</td></tr>
<tr><td></td><td></td><td></td><td></td></tr>
<tr><td>제목</td><td colspan="8">20△△년 월차 시행의 건</td></tr>
</table>

금년 1월부터 아래와 같이 월차제도를 실시하여 한 달에 한 번 토요일에 월차 사용, 휴식을 통한 재충전 및 개인적인 업무를 볼 수 있는 시간을 제도화하여 직원들의 업무 능률을 향상시키고자 하오니 재가하여 주시기 바랍니다.

- 아 래 -

세부시행 방법 :

1. 매월 마지막째 주에 각 부서별로 월차일정표를 작성
2. 부서장의 승인을 득한 후
3. 경영지원부서로 인계.
4. 경영지원부에서 총괄 관리하는 형태로 진행.
5. 단, 부서별 업무진행 상황 혹은 개인사정에 의한 일정 변경 가능.

붙 임 : 월차일정표

【보고서 양식】

■ 예시 1

국제학술회의 참가 결과보고서

학술회의명	
회의개최	주관기관명 :
	개최기간 :
	참가지역 :
	학문분야 :
참가기간	~
참가자	직급 : 소속 : 성명 : 연락처 :

위와 같이 본교의 지원을 받아 국제학술회의에 참석하고 그 활동 결과를 별첨과 같이 보고합니다.

붙임: 국제학술회의 참가 활동 보고서 1부. 끝.

년 월 일

참가자 성명 : (인)
지도교수 성명 : (인)

OO대학교 총장 귀하

■ 예시 2

<table>
<tr><td colspan="4">반포동 추진단 2차 회의 결과 보고서</td></tr>
<tr><td>건명</td><td colspan="3">한강 맥주축제</td></tr>
<tr><td>일자</td><td>20△△. 5. 30.</td><td>기록자</td><td>홍○○</td></tr>
<tr><td>시간</td><td>오전 10시</td><td>장소</td><td>반포 동사무소 세미나실</td></tr>
<tr><td>참가자</td><td colspan="3">김○○, 박○○(총괄강사), 손○○(민간지원관)
이○○(경제일자리), 오○○(환경), 윤○○(여가문화),
권○◎(마을공동체), 김○○(지역상인), 최○○(안전)</td></tr>
<tr><td colspan="4">회의안건</td></tr>
<tr><td colspan="4">1. 맥주축제 주민의견수렴 방법 공유
2. 분과운영 및 과제 공유
3. 맥주축제 안전</td></tr>
<tr><td colspan="4">회의록</td></tr>
<tr><td colspan="4">1. 추진단장 정○○
2. 환경분과 : 2조로 운영 분과장 2명
3. 안전분과 : 최○○(분과원 20명)
4. 여가문화분과 : 윤○○(분과원 6명)
5. 경제일자리분과 : 이○○ - 주경기장 알뜰장터(매주 1회), (분과원 3명)
6. 마을경제분과 : 권○○ - 골목상권
7. 마을공동체분과 : 김○○ - 교육강사(마을 주민들의 프로그램과 마을교사 양성). (분과원 6명)
- 분과별 1차 회의 절차 결정 - 분과 사업제안서 초안 작성해서 6월 10일 2차 워크숍에 제출하여야 함.
- 동 계획형 주민참여예산 평가지표 안내함.
- 6월 이후 일정 안내 설명 : 동총회 예산비용은 삼백만 원, 동총회 날짜와 장소 확정해야 함. 300명 투표 시 150명 사전투표 독려와 150명 현장 투표 준비.
- 동총회 준비계획 : 서울 동총회 탐방하여 투표방법 고민.
- 6월 1일에 받은 맥주축제 주민의견 수렴을 분류하여 분과원장들에게 분과별로 안내함.</td></tr>
<tr><td>추후일정</td><td colspan="3">20○○, ○, ○ 저녁 7시 (○○○ 식당)</td></tr>
<tr><td>붙임자료</td><td colspan="3">출석부 첨부</td></tr>
<tr><td colspan="4">사진자료</td></tr>
</table>

【설명서 양식】

■ 예시 1

제 품 설 명 서

제 품 명	
제품 유형 및 성상	
품목제조 보고	
완제품의 규격	
포장방법 및 재질	
제품의 용도	
유통기한	
보관 및 유통상의 주의사항	
기타 사항	

작성일자 :

작 성 자 : (서명)

승인권자 : (서명)

■ 예시 2

전자제품 설명서

제품명		모델번호	
규 격		재 질	
제조사		제조일자	
납품가		소비자가	
제품 특성			
제품 사진			
서비스 상태			
기타 필요한 사항			

【보도자료 양식】

■ 예시 1

문화체육관광부	보도자료	다시 대한민국! 새로운 국민의 나라

보도시점	0000. 5. 11.(목) 08:00	배포	0000. 5. 11.(목) 08:00

○○○ 정부 출범 1년 국정과제 현장 점검

미래세대 문화정책 담아 낼 청년 교류의 장 열린다

- 5. 13.~19. '20△△ 청년문화주간' 개최, '문화누림' 축제를 시작으로 청년문화포럼, 청년 연대 릴레이 정책간담회, 청년인턴 교류대회 연속 진행
- 청년들이 직접 선정한 '청년문화정책 10대 과제' 세부 과제 공개, MZ드리머스와 문체부 청년 공무원들이 정책현장 찾아 청년들의 애로사항 들어

문화체육관광부(이하 문체부)는 청년의 정책참여라는 ○○○ 정부의 국정과제 실천을 위해 추진해온 미래 청년세대 중심의 정책패러다임 전환의 성과를 한데 모아 확인하고, 앞으로의 문체부 정책 전반에 미래세대의 감수성을 녹이고자 5월 13일(토)부터 19일(금)까지 '미래세대가 전하는 울림, 문화로 말하다'라는 주제로 '20△△ 청년문화주간'을 개최한다.

'20△△ 청년문화주간'은 청년이 직접 공연하고 문화를 체험하는 '문화누림(5. 13.~14.)' 축제를 시작으로 '청년문화포럼'(5. 15.), '청년 연대 릴레이 정책간담회'(5. 16.~18.), '청년인턴 교류대회'(5. 19.)로 이어진다. 문체부는 '청년문화주간'에서 모은 미래세대의 메시지를 빠짐없이 정책 수립에 활용할 계획이다.

마지막으로, 문체부 본부와 박물관·미술관 등 소속기관 곳곳에서 미래세대의 대표 주자로서 활동하고 있는 청년인턴들의 교류대회가 5월 19일(금), 국립세종도서관에서 열린다. 문체부 청년인턴들은 그간의 근무 경험을 나누고, '청년문화정책 10대 과제'에 대한 분임 토의를 거쳐 정책 개선 의견을 발표할 예정이다.

담당 부서	문화예술정책실 문화정책과	책임자	과장	(000-000-0000)
		담당자	사무관 이○○	(000-000-0000)

국민과 함께하는 **세계일류 문화매력국가** 대한민국 정책브리핑 OPEN 공공누리 공공저작물 자유이용허락

■ 예시 2

교육부	동정자료	다시 대한민국! 새로운 국민의 나라

배포	20△△. 7. 17.(월)	보도시점	(인터넷) 배포 즉시 (지 면) 배포 즉시

집중호우 피해 교육시설, 신속 복구 지원한다.

- 이○○ 부총리 겸 교육부장관, ○주 ○○중고등학교 현장 방문
- 학사일정에 지장이 없도록 빠른 피해 복구에 감사 전달 및 피해시설 복구 지원 방안 의견 청취

이○○ 부총리 겸 교육부장관은 이번 집중호우 피해학교 현장을 점검하기 위해 7월 17일(월), ○주 ○○중·고등학교(교장 박○○)를 방문한다.

이번 방문은 집중호우 대응에 애쓰고, 학사일정을 조정하는 등 신속하게 대처한 교육청과 학교 관계자들에게 감사의 뜻을 전하고, 학생 안전을 위해 빠른 복구를 당부하는 한편, 피해시설 복구를 위해 교육부 지원이 필요한 사항을 청취하기 위해 마련되었다.

이○○ 부총리 겸 교육부장관은 "앞으로도 호우 예보가 있는 만큼, 교육청 등에서는 추가 피해가 발생하지 않도록 빠른 복구와 시설물 점검을 부탁드리고, 향후에는 취약시설에 보다 적극적인 방재시설을 설치하는 등 예상치 못한 재해에도 대비할 수 있도록 힘써 달라."라고 당부할 예정이다.

아울러, "교육부에서도 재난안전관리 특별교부금 지원 등 필요한 행·재정적 조치를 통해 재해 복구에 최선을 다하겠다."라고 밝혔다.

【붙임】 집중호우 피해학교 현장방문 개요

담당 부서	교육자치협력안전국 교육시설안전팀	책임자	팀 장	엄○○	(000-000-0000)
		담당자	사무관	황○○	(000-000-0000)
		담당자	주무관	신○○	(000-000-0000)

대한민국 정책브리핑

붙임 집중호우 피해학교 현장방문 개요

□ 개요

○ **(목적)** 7월 장마기간 중 발생한 **집중호우**로 인해 피해를 입은 **학교**의 **복구현황** 등 **현장점검**을 통해 **재난대응상황 확인**

○ **(일시/장소)** '△△.7.17.(월), 15:30 ~ 16:30 / ○주 ○○중·고등학교(사립)

○ **(참석자)** 교육부부총리, 교육안전정책과장, 교육시설안전팀장, 교육청○북교육감, ○주교육지원청교육장 학교교장, 행정실장 등

□ 학교 수해피해 현황

○ **(현황)** 집중호우로 인한 **운동장**, **교사동** 및 **기숙사 침수 등**

※ 7.15.(토) 침수 피해시설 배수 완료

□ 세부일정

시 간		주요 내용	비 고
~15:30	-	• 학교도착	
[현장 점검]			
15:30~15:45	15'	• 별관동, 기숙사 침수 현장 점검	
[재해복구 계획 등 간담회, 1층 도서관]			
15:45~15:50	5'	• 인사말	
15:50~15:55	5'	• 학교 현황 소개	학교장
15:55~16:05	10'	• ○북교육청 수해피해 현황, 복구계획 보고	○북교육청
16:05~16:25	20'	• 현장의견 청취	부총리 주재
16:25~16:30	5'	• 마무리말	

【자기소개서 양식】

■ 예시 1

자기소개서

■ 성장 과정

넉넉하지는 않지만 서로 믿고 사랑하는 가정에서 제가 하는 일은 항상 믿고 격려해 주신 부모님으로부터 사랑하는 법과 보답하는 법을 배우면서 올바르게 자랐습니다.

인간관계에서 약속을 지키는 것이 가장 중요하다는 부모님의 가르침대로 어릴 때부터 항상 약속시간 10분 전에 도착했습니다. 이 가르침 덕분에 약속뿐만 아니라 매사 모든 일에 먼저 준비하는 습관을 갖게 되었고, 책임감이 강하고 성실한 사람으로 발전하는 데 밑거름이 되었습니다.

■ 성격의 장단점

처음 보는 사람에게 쉽게 다가가는 적극적이고 유쾌한 성격으로 주변사람들과의 관계가 원만합니다. 원만한 대화를 이끌어 갈 수 있기 때문에 환자와의 신뢰 형성을 빠르게 할 수 있고, 치료의 효율을 높일 수 있다고 생각합니다. 그리고 다른 사람을 잘 도우며 남들이 미루는 일을 먼저 하려는 적극성이 있습니다.

저는 업무 처리에 있어 완벽을 추구하는 성격으로 무슨 일을 하든 확실히 하고 싶어 몇 번이고 확인하고 신중히 처리하여 제 자신을 못살게 할 때가 종종 있습니다. 그래서 업무 처리를 할 때 우선순위를 정해 놓고 제가 할 수 있는 만큼의 업무를 처리해 내려고 노력하고 있습니다.

■ 경력사항

저는 ○○요양원에서 의료봉사활동을 했습니다. 환자의 혈당, 혈압을 직접 체크하고, 다양한 검사를 잘 받을 수 있도록 옆에서 도와드렸습니다. 그리고 식사 및 간식 보조를 하고, 말벗을 해 드리면서 어르신들과 친밀한 관계를 형성하였습니다. 요양원의 일원이 되었다고 생각하며 요양원에 방문하는 모든 분들에게 최선을 다했으며, 새로운 사람들과 소통하는 과정이 즐거웠습니다. ○○요양원에서 의료봉사활동을 하면서 진심으로 소통하는 방법을 배울 수 있었습니다.

■ **지원동기 및 포부**

20○○년 12월 ○○병원 ○○병동에서 4주 동안 실습을 하였습니다. 실습하는 동안 ○○병원 시스템과 인간미 넘치는 의료진들의 모습을 보며 매력적인 병원이라는 생각을 갖게 되었습니다. 이런 곳이라면 함께 일하고 싶고, 도전해 볼 만한 가치가 있다고 생각했습니다. 본원에 입사하게 된다면 봉사정신으로 남보다 먼저 환자에게 다가설 줄 아는 간호사가 되겠습니다. 저에게 근무할 수 있는 행운의 기회가 주어진다면 간호 경험을 통해 보다 전문성을 기르고, 그 전문성으로 환자를 치유해 주고 삶에 대한 꿈과 희망을 줄 수 있는 그들의 정신적인 지원자가 되고 싶습니다. 더 나아가 환자의 가족을 비롯하여 힘들어 하는 주변 사람들까지 위로해 줄 수 있는 간호를 실현하고 싶습니다.

■ 예시 2

자기소개서

■ **성장 과정**

〈 스스로 선택하는 삶 〉

언제나 칭찬과 격려를 아끼지 않으시는 부모님은 그 무엇보다도 제게 항상 힘이 되고 의지가 되는 소중한 존재입니다. 어린 시절부터 부모님께서는 도전과 노력의 중요성을 일깨워주시면서 스스로 이를 경험할 수 있도록 용기를 북돋아 주셨습니다. 제가 보다 많은 경험을 쌓을 수 있도록 캠프나 여행을 자주 보내주셨고, 봉사활동도 함께 참여하였습니다. 이러한 경험들은 지금까지 성장하면서 제가 삶을 살아나가는 데 있어 값진 경험이 되고 큰 밑거름이 되었습니다. 부모님께서는 늘 저의 선택을 존중해 주셨기에 스스로 결정하는 일이 많았고 이렇게 내린 결정에 대해 자신감과 열정을 가질 수 있었습니다.

■ **학창 시절**

〈 동료의 서포터 ○○○ 〉

대학생활은 팀원들 간에 조화를 요구하는 팀 프로젝트가 많았습니다. 조장으로서 조원들을 뒷받침을 해 준다는 생각으로 팀원들의 장점을 최대한으로 이끌어 내어 조원 모두가 주인공이 될 수 있는 리더가 되고자 하는 목표를 세웠습니다. 지금까지 모든 일에 내가 주인공이고자 하였던 나이기에, 동료와 함께 일을 해 나간다는 것은 조금은 어려운 면도 있었으나 동료를 도와주는 역할의 중요성을 알게 되었습니다. 학기 말 학과의 가장 큰 조별 경연대회로 패널을 만드는 과제에서 조원 모두가 한마음으로 참여함으로써 경연대회 1위를 수상하고 조원 모두 A+라는 학점을 받았던 것이 가장 기억에 남습니다.

■ **성격의 장단점**

〈 여유 있는 오픈 마인드의 소유자 〉

저의 장점은 유연한 사고입니다. 남의 조언을 잘 새겨들어 고칠 줄 알고, 새로운 것을 여유 있고 유연하게 잘 받아들이는 오픈 마인드를 가지고 있습니다. 또한 스스로 설정한 목표에 대해서는 어려움이 있더라도 끝까지 포기하지 않고 진행하는 끈기와 의지를 가지고 있습니다.

어떤 일이든 꼼꼼하고 세밀하게 두 번 체크하여 실수를 잘 하지 않는 편입니다. 이러한 정확한 일처리로 대학 시절 교수님께 인정을 받아왔습니다.

단점은 매사에 생각이 많다는 것입니다. 사소한 것까지 신경 쓰면서 때로는 스스로 피곤해 할 때도 있지만 무슨 일이든지 대충 넘어가지 않고 생각을 많이 한 다음에 결정하고 행동하기 때문에 후회하는 일이 많이 없습니다. 이러한 단점을 장점화하여 매사에 신중하게 행동하도록 노력하겠습니다.

■ **경력사항**

대학 재학 중 ㈜ ○○에서 핸드폰 생산 업무를 맡았습니다. 밤낮없이 빠르게 돌아가는 기계를 관리하면서 사고가 발생하지 않도록 순차적으로 원활하게 공정 단계가 제대로 이루어지도록 집중하여 업무를 처리하면서 추진력을 키울 수 있는 계기가 되었습니다. 다른 한편으론 빠른 추진력 때문에 독선적으로 비칠 수 있다는 생각을 해서 중요한 일을 할 때는 다른 사람들과 서로서로 의견을 묻거나 힘든 일은 도와가면서 해결해 나가려고 노력하는 중입니다.

대학을 졸업하고 (주) ○○전기에 입사하여 1년 6개월간 근무하면서 사무직 업무를 맡았고, 직원들의 상여금을 계산하고 관리했습니다. 이 과정에서 엑셀이나 한글을 사용하여 다양한 서류를 만들고 관리하면서 문서작성 기술이 늘었고, 업무처리 시간을 단축할 수 있는 효율적인 방법을 터득하게 되면서 계획적이고 일의 순서를 정해 차례대로 해 나갈 수 있었고 좀 더 일에 집중할 수 있었습니다.

■ **지원동기 및 포부**

입사하게 된다면 항상 모든 일에 적극적이며 능력 있는 사람이 될 수 있도록 노력할 것이며, 저의 능력과 자질이 귀사의 발전에 원동력이 되도록 최선을 다할 것입니다. 또한 작은 일에도 최선을 다하고 항상 배우는 자세로 모든 일에 임하여 누구에게나 인정받는 사람이 되겠습니다. 지금까지 쌓아온 이론적 지식과 실무적인 감각, 그리고 원만한 대인관계를 바탕으로 저에게 주어진 분야에서 최선을 다하여 저를 선택한 회사로 하여금 후회 없는 선택이 되도록 노력하겠습니다.

【비즈니스 레터 양식】

■ 예시

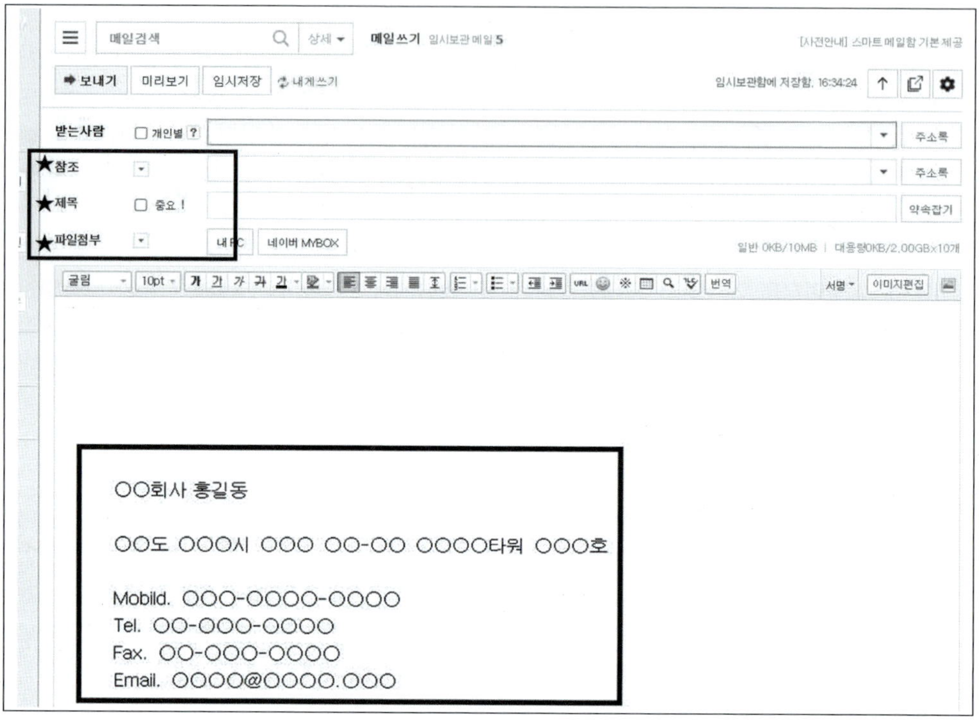
메일검색
상세
메일쓰기 임시보관메일 5
보내기
미리보기
임시저장
내게쓰기
받는사람
개인별
주소록
★참조
★제목
중요 !
★파일첨부
내 PC
네이버 MYBOX
약속잡기
번역
서명
이미지편집
OO회사 홍길동
OO도 OOO시 OOO OO-OO OOOO타워 OOO호
Mobild. OOO-OOOO-OOOO
Tel. OO-OOO-OOOO
Fax. OO-OOO-OOOO
Email. OOOO@OOOO.OOO

【비즈니스 메모 양식】

■ 예시 1

메 모 보 고

보 고 자	소속 : 성명:
보 고 일	
제 목	

보 고 내 용	비 고

■ 예시 2

전 화 메 모

날 짜	
시 간	
수 신 자	
발 신 자	

전 달 사 항

☑ 전화 왔었음.
☐ 다시 전화하겠다고 함.
☑ 들어오시는 대로 전화 요망.
연락처:

메모내용

작성자: ______________________

【결재 기획서 양식】

■ 예시

기 획 서

결재	팀장	부서장	사장

작 성 자	(인)	부서명		작성일자	
프로젝트명					
프로젝트 제안배경 및 개요					
프로젝트 추진방향					
프로젝트 운영계획					
프로젝트 기간	20○○년 ○월 ○일 ~ 20○○년 ○월 ○일				
소요예산	원				
기타 요구사항					

【사과문 양식】

■ 예시 1

사 과 문

○월 ○일 전국적으로 발생한 인터넷 속도 저하 장애로 불편을 겪으신 고객 여러분께 고개 숙여 진심으로 사과드립니다.

▲▲는 서비스 고도화를 위한 최신 설비 교체작업 중 발생한 네트워크 경로 설정 오류가 있었던 것으로 확인하였고, 현재 최대한 빠르게 서비스를 정상화하기 위해 노력하고 있습니다.

▲▲ CEO로서 ▲▲를 믿고 서비스를 이용해 주시는 고객님들께 장애로 불편을 드린 점에 대해 책임을 통감하며, 이번 사건의 원인을 철저히 규명하고 재발 방지를 위해 최선을 다할 것을 약속드립니다.

앞으로 시스템을 재점검하고 보완하고 기술적인 재발 방지책을 강화하여 인터넷 이용 고객이 불편을 겪지 않도록 하겠습니다. 앞으로도 고객님의 목소리에 귀 기울이고 모든 인터넷 서비스 품질 향상에 최선을 다하는 ▲▲가 되겠습니다.

다시 한번 불편을 겪으신 고객님께 진심으로 고개 숙여 사과드립니다.

▲▲ 대표이사
구○○ 배상

■ 예시 2

납기지연에 대한 사과문

수 신 : ▲▲주식회사
　　　　○○○ 차장님
발 신 : (주) ○○산업
　　　　○○○ 대표이사

제 목 : ○○제품 납기지연에 대해 사과합니다.

---

1. 귀사의 무궁한 발전을 진심으로 기원합니다.

2. 지난 ○월 ○일자로 당사에 주문해 주신 ○○제품의 출고일이 늦어져 계약한 납기일을 맞추지 못해 귀사에 불편을 드린 점을 사과드립니다.
   이번 ○○제품은 일부 부품을 ▲▲에서 수입하여 생산하고 있었으나, 코로나19로 인하여 부품 수입이 지연되어 출고가 늦어지는 상황이 발생하였습니다. 현재 ○월 ○까지 납품하기 위해 비상근무체계를 가동해 생산라인을 풀가동하여 제품 제작에 최선을 다하고 있습니다. 아무쪼록 너그러운 마음으로 이해해 주시고, 조금만 더 기다려 주시기를 부탁드립니다.

3. 사전에 양해를 구하지 못해 귀사에 폐를 끼치는 결과를 초래하게 되어 대단히 죄송하게 생각하며, 향후 이러한 일이 발생되지 않도록 최선을 다해 노력할 것입니다.

4. 납기일을 맞추지 못한 점에 대해 다시 한 번 깊이 사과드리며, 귀사의 무궁한 발전을 기원합니다.

끝.

20 년 월 일

(주) ○○산업
대표이사 ○○○ 배상

REFERENCE 참고문헌

고선미, 김정아, 류병진(2017). NCS 의사소통 액션북. 경기: 지식공동체.

권석만(2015). 젊은이를 위한 인간관계의 심리학. 서울: 학지사.

김선아(2021). 환자 안전을 위한 의사소통. NH미디어.

김성희(2017). 인간관계와 의사소통-이론과 기술-. 경기: 지식공동체.

김영민(2009). (대한민국 핵심 인재를 위한) 커뮤니케이션 특강. 새로운 제안.

김용무(2008). 누드 글쓰기; 핵심을 찌르는 비즈니스 문서작성법. 팜파스.

김은영(2015). 인간관계의 이해와 적응. 서울: 동문사.

김종두, 김신혜, 김종구, 김충일, 성국경, 이영주, 이의걸, 정주석, 정헌정, 현영렬(2019). NCS 직업기초능력 의사소통능력. 경기: 양성원.

김종두(2017). 의사소통능력. 경기: 정민사.

김종운(2017). 인간관계 심리학. 서울: 학지사.

김종윤, 김희동(2019). 초기성인학습자의 자기효능감과 문제해결능력과의 관계에서 의사소통의 매개효과. 수산해양교육연구, 11(5), 1359-1370.

김현호 외(2016). NCS 직업기초능력에 따른 의사소통능력. 경기: 양성원.

데루야 하나코(2007). 로지컬 라이팅. 비즈니스북.

래리 바커, 키티 왓슨(2013). 마음을 사로잡는 경청의 힘. 이아소.

민혜영, 유은석, 임경령(2018). 의사소통능력. 경기: 지식공동체.

박연경, 박종팔, 조영란(2017). 인간관계와 의사소통. 경기: 양서원.

박종필(2015). 상사의 마음을 얻는 보고의 기술 고수의 보고법. 옥당.

박혁종(2014). 문서작성의 기술. ㈜미래와경영.

설기문(1998). 인간관계와 정신건강. 서울: 학지사.

양춘희, 권용만, 황규일(2004). 비즈니스 커뮤니케이션. 북코리아.

오기봉(2013). 인간관계의 이해. 양서원.

유양달 외(2016). 인간관계의 심리. 서울: 학지사.

이성태(2011). 인간관계론. 양서원.

이은숙(2012). 세계 속의 효과적인 인간관계와 의사소통. 양서원.
이재희 외(2017). 의사소통능력. 경기: 양성원.
이지은(2020). 비즈니스 문서작성법. ㈜백두산출판사.
장성화(2009). 쉽게 풀어 쓴 인간관계론. 서울: 동문사.
장현철 외(2017). NCS 기반 직업기초능력 효율적인 의사소통. 수양재.
정은경(2020). 코칭심리의 이론과 실제. 서울: 학지사.
조경덕, 장성화(2015). 대인관계와 커뮤니케이션. 서울: 동문사.
조윤제(2019). 우아한 승부사. 21세기북스.
최인철(2013). 나를 바꾸는 심리학의 지혜 프레임. 21세기북스.
한국산업인력공단(2016). 대인관계능력 교수자용 워크북.
한국산업인력공단(2016). 대인관계능력 학습자용 워크북.
한국산업인력공단. 직업기초능력 의사소통능력 교수자용 매뉴얼.
한국산업인력공단. 직업기초능력 의사소통능력 학습자용 매뉴얼.

뉴시스(2020.10.22). 아이돌……어쩌나……○○○, 갑질 폭로 이어 탈퇴 요구까지 활동 비상. http://newsis.com/view/?id=NISX 20201022/_0001206961
매일경제(2019.02.05.). 직장생활의 품격을 높이는 글쓰기 능력. https://www.mk.co.kr/news/society/8678638
먼데이닷컴 한국 공식 블로그(2015.04.05.). 생산성, 협업 트렌드.
소방방재신문(2018.04.23.). 집중조명, 119 구급 서비스 최고 난제 '병원선정'… "해결 실마리 보인다." https://www.fpn119.co.kr/166014
업다운뉴스(2018.04.23.) 한예슬 의료사고 상처부위 2차공개 그 심각성은? http://www.updownnews.co.kr/news/articleView.html?idxno=89348
여성신문(2014.12.13.). 항공사 '땅콩 회항' 사무장 "○○○, 무릎 꿇리고 모욕주며 폭언". http://www.womennews.co.kr/news/articleView.html?idxno=78754
중앙일보(2020.12.13.). 세상에 알려지지 않은 이건희 삼성회장 이야기. https://www.joongang.co.kr/article/23944465

Fisher, D. (1984). A conceptual analysis of self-disclosure. *Journal of the Theory of Social Behavior, 14*, 277-296.

KIEP 세계경제전망(2021년 5월): https://bit.ly/3Fdll0U.

Redfield, Charles, E. (1958). *Communication in management*(rev. cd.). Chicago University of Chicago Press.

Worth, M., Gary, A., & Kahn, G. (1969). Self-disclosure as an exchange process. *Journal of Personality and Social Psychology, 13*, 59-64.

의 사 소 통

COMMUNICATION

AUTHOR 저자소개

김희동

고려대학교 교육학 박사(성인계속교육 및 HRD 전공)
현) 군산간호대학교 교수
한국노년교육학회 이사, 한국수산해양교육학회 이사
전) 숭의여자대학교 비서행정과 교수
대림대학교 국제사무행정과 겸임교수
아모레퍼시픽 인사부장
동부하이텍 인사과장

중앙공무원 및 지방공무원 대상 역량교육 및 평가 practitioner and Assesor, 의사소통, 커뮤니케이션 및 대인관계 기업 출강 다수

이성희

원광대학교 교육학 박사
현) 원광대학교 교육혁신과 연구교수
한국교육컨설턴트협의회 연구원
한국수산해양교육학회 이사
전) 군산간호대학교 초빙교수

소방공무원 심신 안전 전문 상담, 타 대학 의사소통, 대인관계, 커뮤니케이션, 진로 관련 다수의 프로그램 출강

의 사 소 통

COMMUNICATION

의사소통

초판 1쇄 발행 / 2023년 8월 30일
초판 2쇄 발행 / 2025년 3월 5일

공저자 / 김희동 · 이성희
발행인 / 이 중 수
발행처 / **동 문 사**

서울특별시 서대문구 홍제원 1길 12
(홍제동 137-8)
Tel: 02)736-3718(대), 736-3710, 3720
Fax: 02)736-3719

등록번호: 1974.04.27. 제9-17호
가격: 20,000원

ISBN: 979-11-6328-480-2 (93370)

E-mail: dong736@naver.com
www.dongmunsa.com